8°F
9999

RÈGLEMENT MINISTÉRIEL DU 23 MARS 1894

SUR

LE RECRUTEMENT, LA RÉPARTITION

L'INSTRUCTION

L'ADMINISTRATION ET L'INSPECTION

DES

OFFICIERS DE RÉSERVE

ET DES

OFFICIERS DE L'ARMÉE TERRITORIALE

SUIVI DU DÉCRET DU 23 MARS 1894

PORTANT RÈGLEMENT SUR L'AVANCEMENT

ET DES CIRCULAIRES DES 11 AVRIL, 2 MAI, 25-26 JUILLET ET 23 OCTOBRE 1894

Relatives à l'application du Règlement et du Décret ci-dessus

(8e ÉDITION)

PARIS

Henri CHARLES-LAVAUZELLE

Éditeur militaire

11, Place Saint-André-des-Arts, 11

(Même maison à Limoges.)

1896

8F
9222

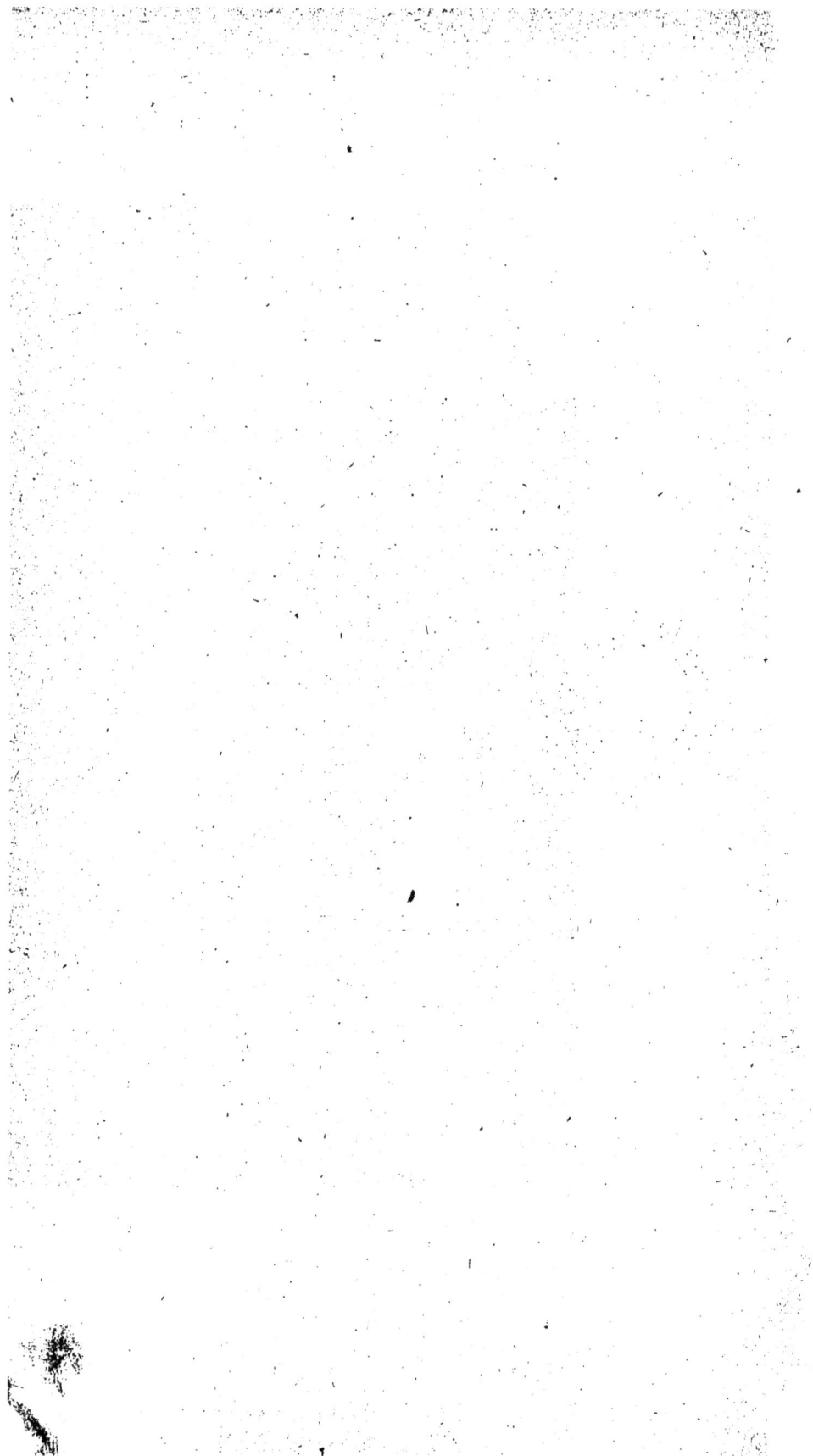

RÈGLEMENT MINISTÉRIEL DU 23 MARS 1894

SUR

LE RECRUTEMENT, LA RÉPARTITION

L'INSTRUCTION

L'ADMINISTRATION ET L'INSPECTION

DES

OFFICIERS DE RÉSERVE

ET DES

OFFICIERS DE L'ARMÉE TERRITORIALE

BIBLIOTHÈQUE NATIONALE IMPRIMÉS

RÈGLEMENT MINISTÉRIEL DU 23 MARS 1894

SUR

LE RECRUTEMENT, LA RÉPARTITION

L'INSTRUCTION

L'ADMINISTRATION ET L'INSPECTION

DES

OFFICIERS DE RÉSERVE

ET DES

OFFICIERS DE L'ARMÉE TERRITORIALE

SUIVI DU DÉCRET DU 23 MARS 1894

PORTANT RÈGLEMENT SUR L'AVANCEMENT

ET DES CIRCULAIRES DES 11 AVRIL, 2 MAI, 25-26 JUILLET ET 23 OCTOBRE 1894

Relatives à l'application du Règlement et du Décret ci-dessus

---

(8ᵉ ÉDITION)

PARIS

Henri CHARLES-LAVAUZÈLLE

Éditeur militaire

11, Place Saint-André-des-Arts, 11

(Même maison à Limoges.)

1896

OUVRAGES A CONSULTER

POUR LA PRÉPARATION DES EXAMENS IMPOSÉS POUR L'EMPLOI DE

Sous-Lieutenant de Réserve et de l'Armée Territoriale

OUVRAGES SPÉCIAUX.

Aide-mémoire de l'officier de réserve et de l'armée territoriale (4ᵉ édition). — Vol. in-18 de 296 pages, relié pleine toile gaufrée..... 5 »

Carnet aide-mémoire de l'officier de réserve et de l'armée territoriale d'après les instructions, règlements et programmes les plus récents, par le capitaine H. GARNIER, ⚙. — Volume in-18 de 128 pages, relié toile anglaise.. 2 25

Guide pratique de l'officier de l'armée territoriale appelé pour une période d'instruction, par un capitaine de l'armée active. — Volume in-32 de 64 pages, relié toile... 1 »

Vade-Mecum administratif de MM. les capitaines-commandants et des sous-officiers comptables, par un officier d'administration (8ᵉ édit. 1896). — Volume in-8º de 348 pages..................... 2 50

MINISTÈRE DE LA GUERRE. — **Instruction du 28 décembre 1895 sur l'administration des hommes des différentes catégories de réserve dans leurs foyers. — Troupe.** — Volume in-8º de 338 pages avec tableaux et modèles, broché. 2 50; relié pleine toile gaufrée........ 3 50

Instruction ministérielle du 18 mars 1896, concernant certaines dispositions spéciales aux militaires de réserve et de l'armée territoriale, suivie des modèles. — Brochure in-8º de 40 pages....... » 50

Ecoles d'instruction, par le général Ch. PHILEBERT. — Br. in-8º. » 75

Programme des examens imposés aux candidats proposés pour l'emploi de **sous-lieutenant de la réserve** de l'armée active ou de l'**armée territoriale** (7º édition). — Brochure in-8º de 24 pages. .... » 50

Programme des examens imposés aux candidats pour les différents grades dans le **cadre auxiliaire de l'intendance militaire** (5ᵉ édition). — Brochure in-8º de 32 pages................................. » 50

Programme des examens imposés aux candidats pour les différents grades dans le **cadre auxiliaire des services administratifs et du service des hôpitaux** (6º édition). — Brochure in-8º de 56 pages.......... » 50

Programme des examens imposés aux candidats pour l'emploi d'**interprète de réserve** (2º édition). — Brochure in-8º de 52 pages........ 1 »

Code-Manuel des réservistes et territoriaux, complété par le *Guide du patrouilleur en pays allemand* et le *Petit interprète du soldat français en pays allemand* (17º édition). — Br. in-32 de 108 pages .... » 30

Instruction du 29 avril 1892 sur l'organisation et le fonctionnement des sociétés de tir et de gymnastique (2º édition). — Br. in-8º... » 50

Lois, décrets et règlements relatifs à l'organisation de l'armée, cadres et effectifs, comités, états-majors et services divers, écoles, personnels divers, suivis d'un appendice contenant le texte de la loi du 25 juillet 1893, relative à la constitution des cadres et des effectifs de l'armée active et de l'armée territoriale. — Volume in-8º de 568 pages, broché...... 6 »

Loi sur l'administration de l'armée promulguée le 16 mars 1882. Texte modifié en vertu des dispositions de la loi du 1ᵉʳ juillet 1889 (autonomie complète du service de santé, 3ᵉ édition). — Brochure in-8º de 28 pages.. » 50

Loi du 15 juillet 1889, sur le recrutement de l'armée, modifiée par les lois des 6 novembre 1890, 2 février 1891, 11, 19 juillet, 11 novembre, 26 décembre 1892, 30 juillet, 14 août 1893, 13 juillet 1894, 13 et 20 juillet 1895. (9e édition, annotée et mise à jour jusqu'en février 1896). Brochure in-8o de 60 pages.. » 50

Loi du 18 mars 1889 relative aux rengagements des sous-officiers, modifiée par les lois des 6 janvier 1892, 25 juillet 1893 et 13 juillet 1894 (5e édition). — Volume in-8o de 92 pages... » 75

Règlement du 14 janvier 1889 sur l'administration et la comptabilité des corps de troupe. (3e édition.) — Volume in-8o de 444 pages...... 3 »

Décret du 29 mai 1890, portant règlement sur la solde et les revues (3e édition) :
Texte avec tableaux, annexes, formulaire des mutations, sans les modèles. — Volume in-8o de 232 pages..................................... 1 50
Le même, avec modèles... 3 50
Formulaire des mutations, seul....................................... » 25

Décret du 27 décembre 1890, portant revision des **tarifs de solde**, et décision présidentielle de la même date, revisant les **tarifs d'indemnité de route** (6e édition). — Brochure in-8o de 148 pages............... » 75

Règlement et instruction du 16 novembre 1887 sur le service de l'habillement dans les corps de troupe, modifié par décret du 18 mars 1889 et par la note du 5 août 1894, modèles, tableaux, annexes et tarifs (7e édition annotée et mise à jour, par le major M*** S***). — Volume in-8o de 342 pages, broché.... 2 » — Relié toile anglaise................................ 2 50

Règlement du 15 janvier 1890 sur le service du chauffage dans les corps de troupe (2e édition). — Brochure in-8o de 48 pages............... 1 »

Instruction du 27 novembre 1887 sur la création, le but et le fonctionnement de la masse des écoles. — Brochure in-8o de 24 pages......... » 30

Règlement du 23 octobre 1887 sur la **gestion des ordinaires** de la **troupe** à l'usage des commissions des ordinaires, des officiers, sous-officiers, caporaux ou brigadiers et cuisiniers de l'armée active, de la réserve et de l'armée territoriale (édition annotée et complétée par onze annexes contenant toutes les dispositions intéressant le service des ordinaires). — Volume in-8o de 192 pages.. 1 50

Cours professés à l'Ecole d'administration militaire de Vincennes.
Législation militaire et administration générale. — Subsistances militaires. — Service de santé. — Habillement et campement. — Notions de législation industrielle et commerciale.
Deux volumes in-8o de 678 et 680 pages, brochés 12.85

Le commandement d'une compagnie territoriale, par le capitaine ALFRED CASSAGNES. — Brochure in-8o de 36 pages .... » 75

Notes sur l'éducation d'une compagnie territoriale, par F. BELLANGER. — Brochure in-18 de 24 pages.................................. » 50

Etude sur l'encadrement des régiments de réserve, par P. S..., officier supérieur en retraite. — Brochure in-8o de 20 pages............ » 50

Cours de topographie élémentaire à l'usage des élèves de Saint-Maixent, des candidats à cette école, à celles de Saumur et de Saint-Cyr, par Emile ESPÉRANDIEU, O. I. ☒, du 61e régiment d'infanterie, ex-professeur adjoint de topographie et de géographie à l'Ecole militaire d'infanterie, correspondant du ministère de l'Instruction publique (2e édition). — Volume in-18 de 368 pages, avec 289 figures, tableaux et cartes.............. 5 »
Ouvrage récompensé d'une médaille de 1re classe par la Société de topographie de France.

Topographie. — Cours préparatoire du ministère de la guerre, avec figures dans le texte, tableaux et cartes. — Vol. in-18 de 182 pages, cart.. 2 »

Fortification de campagne. — Cours préparatoire du ministère de la guerre, avec figures dans le texte. — Volume in-18 de 191 pages.... 2 »

Notions sommaires sur l'étude et la lecture des cartes topographiques, par le commandant A. H., avec nombreuses planches et figures (2e édition). — Brochure in-18 de 48 pages............................ » 75

Guide pratique pour la lecture et le mode d'emploi de la carte d'état-major, par le capitaine ESPÉRANDIEU, O. I. ☒, du 61e régiment d'infanterie, ex-professeur adjoint de topographie à l'École militaire d'infanterie. — Vol. in-18 de 68 pag., avec 6 planches hors texte et 58 fig. » 75

RÈGLEMENTS ET THÉORIES

Toutes armes.

Décret du 4 octobre 1891 portant règlement sur le **service dans les places de guerre et les villes ouvertes.** (8ᵉ édition, annotée et mise à jour, mars 1896). — Vol. in-32 de 314 p., cart. 1 »; relié pleine toile.... **1 25**

Décret du 28 mai 1895 portant **règlement sur le service des armées en campagne** (5ᵉ édition). — Volume in-32 de 204 pages, cartonné. 1 »

Relié pleine toile gaufrée.................................... **1 25**

Instruction sommaire sur le revolver modèle 1892, approuvée par le Ministre de la guerre le 8 février 1893 (4ᵉ édition, revue et augmentée). — Broch. in-32 de 16 pages............................ » 20

Aide-mémoire de l'officier d'administration des subsistances militaires et de l'officier d'approvisionnement en campagne. — Volume in-18 d'environ 500 pages, avec tarifs, modèles et croquis, couverture toile anglaise souple.................................... **5 »**

Vade-mecum de l'officier d'approvisionnement des corps de troupe de toutes armes et des quartiers généraux (9ᵉ édition, revue, corrigée, considérablement augmentée et mise au courant des modifications survenues jusqu'au 15 avril 1896). — Volume in-8ᵒ de 368 pages, broché........ **4 »**

Reliure pleine toile gaufrée.................................... **5 »**

Infanterie et Génie.

Décret du 20 octobre 1892, modifié par le décret du 10 février 1896 portant règlement sur le **service intérieur des troupes d'infanterie,** avec tableaux et modèles (7ᵉ édition, annotée et mise à jour jusqu'en mars 1896, suivie d'un appendice contenant les notes et l'instruction des 30 mars et 29 juin 1895 relatives à l'hygiène des troupes). — Volume in-32 de 548 pages, cartonné. 1 50; relié pleine toile gaufrée.............. **1 75**

Extrait du décret du 20 octobre 1892 portant règlement sur le **service intérieur des troupes d'infanterie,** à l'usage des sous-officiers et caporaux (2ᵉ édition, septembre 1895). — Vol. in-32 de 236 p., cart. » 60

Extrait par demandes et par réponses du décret du 4 octobre 1891, portant **règlement sur le service dans les places de guerre et des villes de garnison,** à l'usage des sous-officiers, caporaux et soldats d'infanterie (4ᵉ édition). — Volume in-32 de 108 pages, cartonné.... » 40

Instruction sur le service de l'infanterie en campagne, approuvée le 9 mai 1885, modifiée par le décret du 4 mars 1887, la décision du 18 mai 1890, l'instruction du 3 mai 1892, la décision du 29 juin 1892, l'instruction du 15 novembre 1892, la note du 17 mars 1893 et le règlement provisoire du 11 mai 1894 (8ᵉ édition, annotée et mise à jour, accompagnée de 14 figures dans le texte et de tableaux représentant les fanions en couleur). — Vol. in-32 de 240 p., cart. » 75; relié pleine toile gaufrée....... **1 »**

Ecole de l'Eclaireur et instruction pratique sur le **service des armées en campagne et des troupes au combat** (2ᵉ édition). — Volume in-32 de 156 pages, cartonné... » 75

Guide pratique des exercices de combat et de service en campagne (2ᵉ édition). — Volume in-32 de 156 pages avec dix croquis, cart... » 75

Instruction spéciale pour le transport des troupes d'infanterie et du génie par les voies ferrées, suivie d'une annexe spéciale relative au transport de troupes par voies maritimes, de tous les modèles et de 50 planches hors texte. (4ᵉ édition, annotée et mise à jour jusqu'en mars 1896.) — Vol. in-32 de 360 pages, cartonné. 1 25; relié pleine toile gaufrée.. **1 50**

Règlement du 29 juillet 1884 sur l'exercice et les manœuvres de l'infanterie, modifié par décision ministérielle du 15 avril 1894 :

Titre I. *Bases de l'instruction;* Titre II. *Ecole du soldat,* avec planches. — Volume in-32 de 256 pages, cartonné. » 75; relié toile anglaise.. **1 »**

Cavalerie.

Artillerie et Train des équipages.

Instruction provisoire sur les exercices d'application du service de l'artillerie en campagne, approuvée par le Ministre de la guerre le 3 mai 1894. — Brochure in-32 de 56 pages avec 6 figures........... » 30

Instruction du 1er mai 1887 sur l'emploi de l'artillerie dans le combat (3e édition). — Br. in-32 de 88 p., couvert. papier parcheminé... » 50

Instruction spéciale pour le transport des troupes d'artillerie de campagne et de montagne et du train des équipages par chemins de fer, approuvée par le Ministre de la guerre le 8 septembre 1890. Extrait du règlement du 18 novembre 1889, sur les transports ordinaires, et des appendices aux règlements sur les transports ordinaires et stratégiques du 25 avril 1890, avec les modifications apportées par la décision du 4 septembre 1894 et le décret du 20 octobre 1894, avec 54 planches et 8 tableaux (3e édition). — Volume in-12 de 156 pages, cartonné............... 1 »

Instruction sur la tenue, le paquetage et le transport des vivres et des sacs des hommes dans les troupes d'artillerie en campagne, approuvée par le Ministre de la guerre le 27 mai 1891, modifiée par les notes ministérielles des 6 juin 1892, 20 mai 1893 et 30 mars 1895, avec 15 figures dans le texte (4e édition). — Vol. in-12 de 100 p., cart........ » 75

Bases générales de l'instruction des corps de troupe de l'artillerie, approuvées le 19 juin 1889, avec feuille rectificative du 29 juin 1892. — Volume in-32 de 114 pages, cartonné.................... » 75

Programme de l'instruction à donner dans les corps de troupe de l'artillerie, approuvé par le Ministre de la guerre le 29 juin 1892 (2e tirage officiel). — Vol. in-32 de 32 pages, cartonné........................... » 30

Règlement du 22 avril 1890 sur l'instruction à cheval dans les corps de troupe de l'artillerie. — Vol. in-32 de 176 p., cart...... » 75
   Relié pleine toile gaufrée....................................... 1 »

Règlement sur l'instruction à pied dans les corps de troupe de l'artillerie, approuvé par le Ministre de la guerre le 25 novembre 1885, modifié par les décisions des 24 octobre 1889, 11 novembre 1890, 8 février et 20 mai 1893 (9e édition). — Vol. in-12 de 148 pages, cart........... » 75

Instruction du 8 novembre 1888 sur la formation des pointeurs dans les corps de troupe de l'artillerie, avec 3 planches hors texte (2e tirage). — Volume in-32 de 128 pages, cartonné...................... » 75

Instruction pour l'exécution du tir réduit avec les carabines modèles 1890 et le mousqueton modèle 1892. — Brochure in-32 de 36 pages avec 9 figures, couverture parcheminée.............................. » 30

Instruction du 14 février 1887 sur les formations en bataille et en marche des sections de munitions et des sections de parc (2e édition). — Brochure in-32 de 30 pages avec 4 planches............... » 30

Artillerie de campagne.

Règlement sur le service des canons de 80 et 90, approuvé par le Ministre de la guerre le 4 juin 1893 et modifié par les feuilles rectificatives 1 et 2, avec 41 figures (4e édition). — Volume in-12 de 214 pages 1 50

Règlement sur le service des canons de 120 court, approuvé le 28 mai 1895. — Volume in-12 de 174 pages avec 16 figures, cartonné........ 1 50

Règlement sur les manœuvres des batteries attelées, approuvé le 25 mai 1895 et modifié par décision ministérielle du 26 décembre 1895 (2e édition). TITRES I et II. — Volume in-12 de 144 pages avec 58 figures, cartonné. 1 50
TITRES III, IV et V. — Vol. in-12 de 164 pages avec 45 figures, cart... 1 50

Addition du 20 juillet 1883 au règlement sur le service des canons de campagne ; batterie de 90 organisée avec des coffres modèle 1880. — Volume in-32 de 114 pages, cartonné .... » 75

Artillerie de montagne.

Règlement sur le service des batteries de montagne. TOME Ier, approuvé le 22 janvier 1894. — Vol. in-12 de 220 pages, avec 76 figures, cart... 1 50

Instruction ministérielle du 19 juin 1889 sur le service de guerre de l'artillerie de montagne (2e édition). — Vol. in-8o de 72 p., cart... » 60

Instruction sur le service et l'emploi de l'artillerie de montagne aux colonies. — Brochure in-32 de 80 pages.......................... » 50
Instruction sur l'emploi des agrès dont doivent être pourvues les batteries de 80 de montagne appelées à manœuvrer en pays de montagne, approuvée le 9 juin 1894, avec 7 croquis. — Vol. in-12 de 32 p., cart. » 75

Artillerie à pied.

Règlement sur le service des bouches à feu de siège et de place :
1re PARTIE. — Service des bouches à feu, approuvé le 6 avril 1889, avec 4 fig. (2o tirage). TITRES I, II, III et IV. — Vol. in-12 de 180 p., cart. 1 50
TITRE V. Manœuvres de force et mouvement de matériel, approuvé par le Ministre de la guerre le 23 mars 1890, avec 30 figures dans le texte et feuille rectific. no 1 du 30 juin 1892. — Vol. in-12 de 288 p., cart.. 2 »
2e PARTIE. — Notions sommaires sur le matériel et les munitions, approuvé par le Ministre de la guerre le 6 avril 1889, avec 64 figures dans le texte (2e tirage). — Volume in-12 de 200 pages, cartonné........ 1 50
3e PARTIE. — Renseignements spécialement destinés aux officiers et aux sous-officiers, approuvé par le Ministre de la guerre le 4 juin 1892, et feuille rectificative no 1 du 18 octobre 1895, avec 51 figures et de nombreux tableaux dans le texte. — Vol. in-12 de 188 pages, cartonné.. 1 50
Règlement sur le service des canons de 155 long sur affûts de tourelle et de casemate, approuvé par le Ministre de la guerre le 11 février 1892, avec 24 figures. TOME Ier. — Volume in-12 de 98 pages, cart... » 75
Manuel d'instruction pratique du 14 mars 1888 pour la formation des observateurs dans les bataillons d'artillerie à pied. — Br. in-32. » 60
Instruction provisoire du 24 janvier 1885 pour la préparation des troupes d'artillerie à l'exécution du tir indirect dans les places, avec 8 croquis. — Volume in-32 de 64 pages, cartonné.................... » 60
Règlement sur le tir du canon de l'artillerie à pied de l'armée allemande, traduit par P. VALERIO, capitaine d'artillerie. — Br. in-8o. 1 »

Artillerie de côtes.

Règlement sur le service des bouches à feu de côtes:
1re PARTIE. — Service des bouches à feu et manœuvres de force, approuvé le 28 juillet 1894. — Vol. in-12 de 172 pages avec 19 figures. 1 50

Artillerie de marine.

Instruction sur le service des canons-revolvers et des canons à tir rapide de 35m/m et de 47m/m. (2e édition, approuvée par décision ministérielle du 23 mars 1896, mise en service par circulaire du 4 mai 1896.) — Volume in-12 de 80 pages avec 6 croquis, relié pleine toile...... 1 50

Manuels.

Notions sur la construction des batteries employées dans l'attaque et la défense des places (chapitre II de la 3e partie du Cours spécial) avec gravures et 2 planches. — Fascicule in-8o de 28 pages................ » 40
Manuel du sous-officier d'artillerie avec gravures en couleurs (5e édition). — Volume in-32 de 484 pages, relié pleine toile gaufrée....... 2 »
Manuel de l'artificier dans l'artill. de campagne. — Vol. in-12, cart. » 75
Manuel du pointeur dans l'artillerie de campagne, avec 6 croquis. — Volume in-12 de 52 pages, cartonné............................. » 60
Manuel du servant dans l'artillerie de campagne. — Vol. in-12, cart.. » 75
Manuel du conducteur dans l'artillerie de camp. — Vol. in-12, cart.. » 75
Instructions intérieures des jeunes soldats de l'artillerie (6o édition, 1896). — Vol. in-32 de 224 p., avec 11 croquis, relié pl. toile gaufrée. 1 25
Manuel du trompette dans l'artillerie de campagne, avec le cahier des sonneries réglementaires (2e édition). — Vol. in-32 de 80 p. cart..... » 75

Divers.

Le catalogue général de la Librairie militaire est envoyé gratuitement à toute personne qui en fait la demande à l'éditeur Henri CHARLES-LAVAUZELLE.

RÈGLEMENT MINISTÉRIEL DU 23 MARS 1894

SUR

LE RECRUTEMENT, LA RÉPARTITION

L'INSTRUCTION

L'ADMINISTRATION ET L'INSPECTION

DES

OFFICIERS DE RÉSERVE

ET DES

OFFICIERS DE L'ARMÉE TERRITORIALE

⸺⸻⸺

TITRE Iᵉʳ.

ADMISSION AU GRADE DE SOUS-LIEUTENANT DANS LA RÉSERVE ET L'ARMÉE TERRITORIALE.

CHAPITRE Iᵉʳ.

SOUS-OFFICIERS DE LA RÉSERVE.

---

§ 1ᵉʳ. — *Sous-officiers ayant servi trois ans dans l'armée active.*

Art. 1ᵉʳ. Tous les ans, au 1ᵉʳ août, le chef de corps fait établir l'état nominatif des sous-officiers libérables au cours de l'année d'inspection.

Il réunit le conseil de régiment qui, statuant à leur égard comme en matière de rengagement, désigne ceux d'entre eux qui, sous le rapport de l'instruction militaire, de l'instruction générale et des qualités morales lui paraissent susceptibles de devenir officiers de réserve.

Les candidats ainsi désignés sont présentés par le chef de corps au général de brigade qui, après examen, accepte ou rejette les propositions qui lui sont soumises.

Cet officier général délivre aux candidats qu'il a acceptés l'autorisation de concourir pour le grade d'officier de réserve et d'accomplir, pendant leur première année de service dans la réserve, la première période d'instruction à laquelle ils sont astreints comme réservistes.

Un état des autorisations ainsi délivrées est adressé au corps d'affectation de ces sous-officiers.

Art. 2. Les dispositions de l'article précédent sont également applicables :

1° Aux sous-officiers libérés après quatre ou cinq années de service ou après un premier rengagement de cinq ans ;

2° Aux caporaux ou brigadiers libérables dans l'année, inscrits au tableau d'avancement.

Les caporaux ou brigadiers acceptés par le général de brigade sont nommés sous-officiers le jour même de leur renvoi dans leurs foyers.

Art. 3. Les dispositions des articles 1er et 2 ci-dessus sont respectivement applicables aux sous-officiers ainsi qu'aux caporaux ou brigadiers inscrits au tableau d'avancement, qui sont libérés en exécution des dispositions de l'article 21 de la loi du 15 juillet 1889, avant d'avoir accompli trois années de service.

Toutefois, les caporaux et brigadiers qui n'auront pas encore six mois de grade au moment de leur renvoi dans leurs foyers ne seront nommés sous-officiers qu'après l'accomplissement de leur première période d'exercices.

§ 2. — *Sous-officiers provenant des hommes incorporés pour un an dans l'armée active.*

Art. 4. Parmi les hommes du contingent qui ne sont astreints qu'à une année de service (art. 21, 22 et 23 de la loi du recrutement), tous les dispensés de l'article 23 sont affectés à l'infanterie (1).

Sont de même affectés à l'infanterie les jeunes gens dispensés des articles 21 et 22 qui possèdent une instruction générale permettant de les considérer comme susceptibles d'être compris ultérieurement dans la catégorie des candidats au grade d'officier de réserve.

---

(1) Par modification à cette prescription, le Ministre de la guerre a décidé, le 8 avril 1895, que les étudiants vétérinaires, étant appelés à devenir aides-vétérinaires de réserve, seraient affectés aux régiments d'artillerie ou aux escadrons du train des équipages militaires exclusivement.

Les uns et les autres sont incorporés dans le régiment d'infanterie de la subdivision de leur domicile.

Ceux qui sont domiciliés dans les gouvernements militaires de Paris et de Lyon sont incorporés en nombre égal dans les régiments subdivisionnaires des corps d'armée entre lesquels sont divisés, au point de vue du recrutement, les départements de la Seine, de Seine-et-Oise et du Rhône.

Art. 5. Dans chaque corps d'infanterie, les jeunes soldats accomplissant une année de service (art. 21, 22 et 23 de la loi du recrutement), qui paraissent susceptibles de devenir officiers de réserve, sont présentés au colonel à la fin de la première période d'instruction.

Celui-ci examine l'instruction générale, les aptitudes diverses, la conduite et la manière de servir de chacun des candidats, et arrête définitivement la liste de ceux qu'il accepte comme tels.

Art. 6. Le régiment forme avec ceux-ci un peloton spécial, leur instruction est dirigée suivant un programme particulier; dans le but de les préparer, pour l'avenir, à l'examen qu'ils auront à subir pour le grade d'officier de réserve. Cette instruction est confiée spécialement à un officier.

Art. 7. A l'expiration de leur première année de service, les jeunes gens du peloton spécial sont examinés sur les différentes matières qui leur ont été enseignées. L'examen est passé devant une commission présidée par un officier supérieur, et tous ceux qui y ont satisfait sont nommés caporaux dans le corps, au moment de leur envoi dans la disponibilité.

Art. 8. Les jeunes gens dispensés de l'article 23 nommés caporaux conformément aux dispositions de l'article 7 ci-dessus, accomplissent, dans le régiment où ils ont fait leur première année de service, la période d'exercices qui leur est imposée pendant leur troisième année.

A l'expiration de cette période, ils sont examinés par le conseil de régiment, dans les mêmes conditions que les caporaux inscrits au tableau d'avancement (art. 2) et présentés au général de brigade, qui dresse la liste de ceux qui lui paraissent aptes à devenir officiers de réserve.

Les jeunes gens ainsi acceptés sont nommés sous-officiers le jour même de leur renvoi dans leurs foyers; ils restent affectés au régiment et reçoivent du général de brigade l'autorisation d'accomplir par anticipation, pendant leur première année de service dans la réserve, leur première période d'exercices comme réservistes.

Le corps conserve la liste des autorisations ainsi accordées et en adresse copie au commandant du bureau de recrutement de la subdivision.

Art. 9. Les jeunes gens dispensés des articles 21 et 22, nommés caporaux dans les conditions indiquées à l'article 7, ne peuvent être classés dans la catégorie des candidats au grade d'officier de réserve que s'ils accomplissent volontairement, au cours de leur troisième année de service, une période d'exercices comme les dispensés de l'article 23 ; les mêmes dispositions leur sont alors applicables.

§ 3. — *Anciens engagés conditionnels.*

Art. 10. Les anciens engagés conditionnels qui désirent concourir pour le grade de sous-lieutenant de réserve adressent leur demande au général commandant la subdivision de leur domicile.

Cet officier général fait parvenir la demande des candidats appartenant à l'infanterie au régiment d'infanterie de la subdivision où est domicilié le candidat. Il adresse respectivement celles des candidats appartenant à la cavalerie et à l'artillerie au général commandant la brigade de cavalerie ou au général commandant la brigade d'artillerie de la région, qui les transmettent à l'un des régiments sous leurs ordres ; enfin, les demandes des candidats appartenant au génie sont envoyées au colonel sous les ordres duquel se trouve placé le bataillon du génie du corps d'armée.

Les demandes sont soumises à l'appréciation du conseil de régiment et à l'acceptation du général de brigade, qui délivre, s'il le juge convenable, aux intéressés l'autorisation d'accomplir leur première période d'exercices dans la réserve dans les mêmes conditions que les sous-officiers candidats au grade d'officier de réserve (art. 1er).

Art. 11. Les anciens engagés conditionnels qui ont déjà accompli leur première période d'instruction peuvent être proposés pour le grade de sous-lieutenant de réserve dans les conditions indiquées à l'article 19 ci-après.

Ils peuvent également demander à accomplir une période supplémentaire, afin de ne pas être obligés d'attendre la deuxième convocation de leur classe pour être proposés.

Art. 12. Les commandants des bureaux de recrutement du domicile des candidats sont informés par les corps des autorisations ainsi accordées.

§ 4. — *Dispositions communes à tous les candidats au grade d'officier de réserve.*

Art. 13. Les sous-officiers autorisés, comme candidats au grade d'officier de réserve, à accomplir leur première période d'exercices pendant leur première année de service dans la réserve, et les engagés conditionnels auxquels a été délivrée l'autorisation prévue à l'article 10 sont convoqués par ordres d'appel individuels pour accomplir cette période dans le corps auquel ils sont affectés.

Art. 14. Dans chaque subdivision, le commandant du bureau de recrutement adresse au général commandant cette subdivision la liste des candidats au grade d'officier de réserve pour lesquels il a été établi des ordres individuels de convocation.

Le général fait recueillir, pour chacun des candidats, les divers renseignements qui, en dehors de la question d'instruction militaire, doivent permettre d'apprécier la convenance qu'il peut y avoir à conférer à ces candidats le grade de sous-lieutenant de réserve.

Il adresse les résultats de l'enquête au général de brigade sous les ordres duquel est placé le corps dans lequel le candidat accomplit sa période d'instruction. Ces renseignements doivent parvenir à cet officier général quelques jours au moins avant le commencement de cette période ; celui-ci les transmet au chef de corps intéressé.

Art. 15. A l'expiration de la période d'exercices, l'aptitude technique des candidats est constatée par un examen passé devant une commission spéciale composée de trois officiers, dont un officier supérieur, président.

Pour chaque arme, l'examen porte exclusivement sur les matières insérées au programme annexé au présent règlement.

Art. 16. Le général de brigade, se basant sur les états de service des candidats, sur les notes qui leur ont été données pendant leur séjour sous les drapeaux, sur les notes obtenues à l'examen d'aptitude technique prévu à l'article 15, ainsi que sur les renseignements d'ordre moral fournis par l'enquête, arrête la liste des candidats qui devront être immédiatement proposés pour le grade d'officier de réserve. Il en établit la liste par ordre de préférence.

Art. 17. Les mémoires de proposition accompagnés :

1° D'une feuille individuelle, modèle A.
2° De la demande du candidat ;
3° D'un extrait d'acte de naissance sur papier libre ;
4° D'un extrait du casier judiciaire sur papier libre,

Sont adressés au général commandant le corps d'armée, avec la liste de préférence arrêtée par le général de brigade. Le commandant du corps d'armée transmet ces propositions au Ministre, avec son avis personnel.

Art. 18. Le général de brigade établit une liste des candidats qui n'ont pas été acceptés par lui et indique, pour chacun d'eux, le motif de l'exclusion. Il signale ceux d'entre eux qui, en raison de leurs aptitudes militaires, pourraient être nommés adjudants de réserve. Cette liste est adressée au commandant du corps d'armée, pour être transmise au Ministre avec les autres documents indiqués à l'article 17.

23 mars 94.   2

Art. 19. Les candidats qui n'ont pas été admis par le général de brigade peuvent demander à être de nouveau, après l'accomplissement de leur deuxième période d'exercices, soumis à l'acceptation de cet officier général.

Ils seront convoqués pour cette deuxième période avec les réservistes de leur classe.

Toutefois, le général de brigade peut accorder aux sous-officiers qui en font la demande l'autorisation d'accomplir une période supplémentaire l'année suivante ; ils sont alors convoqués en même temps que les candidats appelés cette même année.

Un candidat qui n'a pas été admis par le général de brigade conserve, en principe, l'affectation qui lui a été donnée comme réserviste. En aucun cas, il ne peut être présenté de nouveau comme candidat au grade d'officier de réserve par un autre corps de troupe que son corps d'affectation.

§ 5. — *Agents des administrations de chemins de fer.*

Art. 20. Les dispositions des articles précédents ne s'appliquent pas aux agents que les administrations de chemins de fer doivent présenter pour occuper des emplois de sous-lieutenants de réserve dans le 5ᵉ régiment du génie. Leur nomination s'effectue suivant la procédure et dans les conditions indiquées par le règlement du 28 novembre 1891 sur la participation des administrations de chemins de fer au recrutement, à l'instruction technique et à la constitution des effectifs de guerre dudit régiment.

CHAPITRE II.

SOUS-OFFICIERS DE L'ARMÉE TERRITORIALE.

§ 1ᵉʳ. — *Sous-officiers et engagés conditionnels appartenant à l'armée territoriale.*

Art. 21. Les sous-officiers de l'armée territoriale et les anciens engagés conditionnels appartenant à l'armée territoriale qui désirent concourir pour le grade de sous-lieutenant de l'armée territoriale, adressent une demande au général commandant la subdivision de leur domicile.

Cet officier général fait parvenir les demandes des candidats appartenant à l'infanterie au régiment d'infanterie de la subdivision où est domicilié le candidat. Il adresse respectivement celles des candidats appartenant à la cavalerie et à l'artillerie au général commandant la brigade de cavalerie et au général commandant la brigade d'artillerie de la région, qui les transmettent à l'un des régiments sous leurs ordres ; enfin, les demandes des candidats appartenant au génie sont envoyées au colonel sous les ordres duquel se trouve placé le bataillon du génie du corps d'armée.

Ces divers candidats sont convoqués par ordres d'appel individuels pour accomplir une période d'exercices supplémentaire d'une durée de huit jours, que l'on fait correspondre à la dernière semaine d'exercices des candidats au grade de sous-lieutenant de réserve (art. 13).

Les commandants de recrutement reçoivent des corps les indications nécessaires pour effectuer ces convocations.

Art. 22. L'examen des candidats et l'établissement des mémoires de proposition, pour ceux d'entre eux qui sont admis par le général de brigade, s'effectuent dans les conditions déterminées par les articles 14, 15, 16 et 17 ci-dessus.

Le nombre des propositions à faire ne doit pas être subordonné au nombre de vacances existant dans le régiment territorial de la subdivision ; il ne dépend que de l'aptitude des candidats.

Art. 23. Les candidats qui n'ont pas été reconnus admissibles peuvent être autorisés par le général de brigade à accomplir une deuxième période supplémentaire l'année suivante. Ils peuvent également, pendant l'accomplissement de leur période de deux semaines (1), être admis à subir l'examen d'aptitude prescrit par l'article 15 et être proposés dans les conditions indiquées aux articles 14, 15 et 16.

En aucun cas, ils ne peuvent être présentés de nouveau comme candidats au grade d'officier de l'armée territoriale par un autre corps de troupe que celui qui les a proposés la première fois.

§ 2. — Sous-officiers de l'armée active retraités après quinze années de service.

Art. 24. Les dispositions des articles précédents ne sont pas applicables aux sous-officiers retraités après quinze années de service ; ces sous-officiers sont proposés, s'il y a lieu, au moment de leur libération, pour le grade de sous-lieutenant dans l'armée territoriale par le chef de corps, sans examen préalable, et cette proposition suit la voie hiérarchique.

---

(1) Circulaire du 25 juillet 1894, reproduite plus loin.

TITRE II.

AFFECTATION DES OFFICIERS AUX DIFFÉRENTS CORPS OU SERVICES.

CHAPITRE Ier.

OFFICIERS DE RÉSERVE.

Art. 25. Lors de leur nomination, les officiers de réserve, quelle que soit leur origine, sont affectés, autant que possible, au corps de leur arme ou subdivision d'arme le plus rapproché de leur domicile.

Les affectations sont faites dans l'ordre suivant :

1° Infanterie.

Régiments subdivisionnaires. — Les officiers sont affectés d'abord au régiment subdivisionnaire de leur domicile, et, faute de vacances, aux régiments subdivisionnaires de la brigade, de la division et du corps d'armée.

Régiments régionaux et bataillons de chasseurs à pied. — Les officiers sont affectés d'abord au régiment régional ou au bataillon de chasseurs à pied dans la circonscription de réserve duquel ils sont domiciliés.

Subsidiairement, les officiers des corps d'infanterie peuvent être affectés aux corps de même arme des régions voisines les plus rapprochés de leur domicile.

2° Autres armes et services.

Les officiers sont affectés d'abord aux corps de même arme ou aux services de la région de corps d'armée dans laquelle ils sont domiciliés.

Faute de vacances, ils sont affectés aux corps ou services similaires des régions voisines les plus rapprochés de leur domicile.

Art. 26. Pour les sous-officiers nommés sous-lieutenants de réserve, les affectations sont faites en suivant l'ordre de préférence établi par le général de brigade (art. 17).

Art. 27. Les officiers retraités provenant des officiers hors cadres sont affectés comme officiers de réserve aux corps de troupe de leur arme, d'après les règles établies à l'article 25.

Art. 28. La répartition des officiers de réserve entre les différentes unités d'un corps de troupe est établie par le général commandant le corps d'armée, sur la proposition du chef de corps de l'armée active.

Un certain nombre d'officiers de réserve peuvent être affectés à des unités du corps territorial correspondant.

CHAPITRE II.

OFFICIERS DE L'ARMÉE TERRITORIALE.

Art. 29. Les règles établies au chapitre précédent sont applicables aux officiers de l'armée territoriale.

Les officiers de réserve que leur âge appelle à passer dans l'armée territoriale, et qui n'ont pas demandé à être conservés dans la réserve de l'armée active, sont, autant que possible, maintenus dans le corps territorial correspondant au corps actif qu'ils quittent.

Art. 30. La répartition des officiers de l'armée territoriale entre les différentes unités d'un corps de troupe de l'armée territoriale est établie par le général commandant le corps d'armée, sur la proposition du chef de corps de l'armée active correspondant.

Un certain nombre d'officiers de l'armée territoriale peuvent, sur leur demande, être affectés à des unités de l'armée active.

CHAPITRE III.

OFFICIERS DÉTACHÉS (RÉSERVE ET ARMÉE TERRITORIALE).

------

§ 1er. — *Infanterie, cavalerie, artillerie.*

Art. 31. Dans l'infanterie, la cavalerie et l'artillerie, les officiers de réserve et de l'armée territoriale sont tous affectés à des corps de troupe.

Ils peuvent, sur la proposition des chefs de corps de l'armée active, être désignés pour un emploi dans le service d'état-major, l'état-major particulier de l'artillerie, le service des remontes et réquisitions, le service des étapes, etc. Dans ce cas, ils sont placés à la suite de leur corps, auquel ils restent affectés.

§ 2. — *Génie.*

Art. 32. Dans le génie, les officiers de réserve et de l'armée territoriale sont répartis entre les corps de troupe et l'état-major particulier par le Ministre, qui détermine, en outre, l'affectation à assigner à chacun d'eux pour le temps de guerre.

Ceux d'entre eux qui sont désignés pour un emploi en dehors des services de l'arme sont placés à la suite de l'état-major particulier du génie.

CHAPITRE IV.

DISPOSITIONS COMMUNES AUX OFFICIERS DE RÉSERVE ET DE L'ARMÉE TERRITORIALE.

§ 1er. — *Changements de corps ou d'emplois.*

Art. 33. Le Ministre peut toujours prononcer d'office les changements de corps ou d'emploi nécessités par l'intérêt du service, dans le personnel des officiers de réserve et de l'armée territoriale.

Les officiers de réserve et de l'armée territoriale peuvent être autorisés par le Ministre à changer de corps ou d'emploi, pour convenances personnelles, avec l'approbation des chefs de corps ou de service intéressés.

§ 2. — *Droits au commandement.*

Art. 34. Les droits au commandement des officiers de l'armée active, des officiers de réserve et de l'armée territoriale sont déterminés par le décret du 20 octobre 1892 sur le service intérieur des corps de troupes (Principes généraux de la subordination).

TITRE III.

INSTRUCTION DES OFFICIERS DE RÉSERVE ET DE L'ARMÉE TERRITORIALE.

CHAPITRE Ier.

DIRECTION DE L'INSTRUCTION.

§ 1er. — *Devoirs des officiers généraux et des chefs de corps ou de service.*

Art. 35. La solidité de nos formations de réserve dépend en grande partie de la valeur des officiers de réserve et de l'armée territoriale. L'instruction de ces officiers doit être l'objet de la sol-

---

(1) 5e édition annotée et mise à jour, 1894. Volume in-32 de 515 pages, prix : cartonné, 1 fr. 50; relié toile anglaise, 1 fr. 75. Henri Charles-Lavauzelle, éditeur.

licitude constante des chefs de corps ou de service et des officiers généraux, à tous les degrés de la hiérarchie.

Leur action à cet égard doit s'exercer non seulement au cours des périodes d'exercices, mais toute l'année, en dehors de ces périodes. Ils doivent s'efforcer de donner aux officiers désireux d'augmenter leurs connaissances militaires toutes les facilités compatibles avec leurs intérêts et leur situation dans la vie civile. Ils saisissent toutes les occasions de les mettre en rapport avec les officiers de l'armée active et de développer les sentiments de confiance et de solidarité qui doivent unir tous les officiers d'une même armée.

Art. 36. Tout chef de corps est chargé d'assurer, sous sa responsabilité, l'éducation militaire et l'instruction technique des officiers du corps actif et du corps de réserve placés sous ses ordres. Il a les mêmes obligations vis-à-vis des officiers du corps territorial rattaché au corps qu'il commande.

Il est secondé, dans l'accomplissement de ce devoir important, par le chef de corps de réserve et le chef de corps territorial.

Les mêmes obligations incombent aux chefs des divers services vis-à-vis des officiers ou assimilés de réserve ou de l'armée territoriale affectés aux services dont ils doivent assurer ou préparer le fonctionnement en cas de mobilisation.

Art. 37. Les moyens propres à développer l'instruction des officiers et assimilés de réserve ou de l'armée territoriale comprennent :

1° Les convocations périodiques ;
2° Les stages obligatoires ;
3° Les stages volontaires ;
4° Les écoles d'instruction ;
5° Les exercices ou manœuvres auxquels les officiers sont autorisés à assister.

CHAPITRE II.

CONVOCATIONS PÉRIODIQUES.

§ 1er. — *Officiers de réserve.*

Art. 38. Les officiers de réserve sont, en principe, convoqués, tous les deux ans, pour une période d'exercices de vingt-huit jours depuis l'époque de leur nomination jusqu'à leur passage dans l'armée territoriale.

Toutefois, les convocations sont réglées de manière qu'ils soient appelés en même temps que les unités auxquelles ils appartiennent, sans qu'il puisse en résulter d'ailleurs une augmentation du nombre total des périodes d'exercices auxquelles ils sont astreints.

Art. 39. Les officiers de réserve sont convoqués par les soins des chefs de corps ou de service de l'armée active, et au moins deux mois à l'avance.

Pour les convocations qui ne correspondent pas à celles des unités auxquelles ils appartiennent, la date des appels est fixée de manière à concilier autant que possible les intérêts des officiers avec leur degré d'instruction.

Ceux qui, en raison de leurs emplois spéciaux ou de leurs connaissances militaires, peuvent utilement profiter des manœuvres d'automne ou des exercices spéciaux à leur arme (tirs de combat, écoles à feu, etc.) sont appelés de préférence à y prendre part.

Art. 40. Les officiers de réserve concourent au service général de l'unité à laquelle ils sont affectés. Ils assistent, en outre, à des séances d'instruction théorique et pratique spécialement organisées pour eux d'après un programme qui est arrêté à l'avance et leur est adressé avant la convocation avec l'indication des parties des règlements qu'il leur est utile de revoir.

Art. 41. A la fin de chaque période, les résultats obtenus au point de vue de l'instruction théorique et pratique des officiers sont constatés par l'inspecteur général du corps ou service de l'armée active auquel ils sont rattachés ou par son délégué, afin de s'assurer si tous les officiers sont bien préparés à leur rôle en cas de mobilisation.

Les méthodes employées et les résultats de cette instruction sont l'objet d'une mention particulière dans l'ordre d'inspection générale, mention qui peut être notifiée aux officiers de réserve.

Art. 42. Au cours des périodes d'exercices, le chef de corps présente, pour l'avancement, les officiers de réserve qui, au 31 décembre de l'année courante, remplissent les conditions d'ancienneté fixées par le décret portant règlement sur l'avancement, et qui se sont montrés dignes de cette faveur par leur zèle, leur dévouement, l'étendue de leurs connaissances techniques et leur aptitude au commandement.

Art. 43. Les officiers et assimilés affectés aux différents services de l'armée sont soumis aux mêmes règles et aux mêmes obligations que ceux des corps de troupe.

Toutefois, l'époque et la durée de leurs convocations sont subordonnées à l'importance des crédits alloués pour cet objet aux chefs des services auxquels ils sont affectés.

Dans la limite des crédits qui lui sont attribués, tout chef de service emploie les fonds mis à sa disposition au mieux des intérêts de l'instruction des officiers ou assimilés de réserve placés sous ses ordres.

Les officiers du service d'état-major peuvent être appelés à accomplir tout ou partie de leurs périodes d'exercices dans un corps de troupe.

Art. 44. Les inspecteurs généraux des divers services ou leurs délégués constatent soit par eux-mêmes, autant que cela est possible, soit par les comptes rendus qui leur sont adressés, les méthodes employées et les résultats obtenus au point de vue de l'instruction théorique et pratique des officiers ou assimilés de réserve. Ces questions font l'objet d'une mention spéciale dans l'ordre d'inspection générale de ces services.

Art. 45. Les médecins de réserve sont tous convoqués par le directeur du service de santé du corps d'armée auquel ils appartiennent. Ceux qui sont affectés à des corps de réserve ou de l'armée territoriale sont appelés en même temps que leurs unités, après concert entre le chef de corps de l'armée active et le directeur du service de santé.

Art. 46. Les vétérinaires de réserve sont appelés par les soins des chefs de corps de l'armée active.

Art. 47. Les officiers et assimilés de réserve affectés à des corps ou services du 19° corps d'armée et des troupes d'occupation de Tunisie et domiciliés en France sont, pour leur instruction, rattachés au corps de troupe de leur arme ou au service le plus voisin de leur résidence, par les soins du commandement territorial.

A cet effet, le général commandant le 19° corps d'armée et le commandant des troupes d'occupation de la Tunisie font connaître aux généraux commandant les corps d'armée les noms des officiers dont l'instruction doit ainsi être assurée en France.

§ 2. — *Officiers de l'armée territoriale.*

Art. 48. Les officiers de l'armée territoriale sont astreints à accomplir tous les deux ans une période d'exercices de quinze jours, en principe avec l'unité à laquelle ils appartiennent.

Les lieutenants-colonels commandant les régiments territoriaux d'infanterie et d'artillerie et les chefs de bataillon commandant les bataillons territoriaux de zouaves, de chasseurs à pied et du génie assistent, autant que possible, à toutes les périodes accomplies par les unités placées sous leurs ordres.

Art. 49. Les officiers des corps territoriaux sont convoqués par les soins des chefs de corps de l'armée active.

Les chefs de corps territoriaux assurent l'instruction et le service général de leurs unités sous la direction et l'impulsion des chefs de corps de l'armée active.

Art. 50. Le chef de corps de l'armée active arrête le tableau de service et le programme de l'instruction à donner aux cadres et aux unités de l'armée territoriale.

Ce programme comprend, pour les officiers, des séances d'instruction théorique et pratique appropriées au rôle qu'ils doivent remplir en cas de mobilisation.

Le chef de corps de l'armée active détermine dans quelle mesure le personnel, officiers et troupe, de l'armée active doit prêter son concours aux cadres et aux unités de l'armée territoriale. Il répartit entre le corps actif et le corps territorial, au mieux des intérêts du service, toutes les ressources matérielles d'instruction dont il dispose.

Art. 51. Il suit attentivement la marche de l'instruction des unités et des officiers du corps territorial. Dans les corps fractionnés, il se rend, toutes les fois qu'il le juge utile, à la portion près de laquelle sont constituées les unités territoriales.

Art. 52. Au cours de la période, les méthodes employées et les résultats obtenus sont constatés par l'inspecteur général du corps actif ou par son délégué; ils font l'objet d'un ordre qui est communiqué au corps territorial et qui est annexé à l'ordre d'inspection générale du corps actif de rattachement.

Art. 53. Les unités des escadrons territoriaux du train des équipages militaires n'étant pas constituées pour les réunions du temps de paix, les officiers de ces escadrons sont convoqués par les soins du chef de corps de l'armée active à l'époque de l'année la plus favorable à l'instruction de ces officiers.

Ils sont appelés simultanément ou par séries échelonnées.

Ils concourent au service général de l'escadron, et leur instruction est assurée et constatée dans les conditions déterminées ci-dessus.

Art. 54. Les officiers et assimilés de l'armée territoriale affectés aux différents services de l'armée sont soumis aux mêmes obligations que les officiers des corps de troupe.

. L'époque et la durée de leurs convocations sont subordonnées à l'importance des crédits alloués aux chefs des services auxquels ils sont affectés.

Art. 55. Les dispositions de l'article 47 sont applicables aux officiers et assimilés appartenant à des corps ou services de l'Algérie ou de la Tunisie et domiciliés en France.

CHAPITRE III.

DISPENSES. — AJOURNEMENTS. — DEVANCEMENTS D'APPEL.
CHANGEMENTS DE DESTINATION.

§ 1er. — *Dispenses.*

Art. 56. Les officiers et assimilés de réserve et de l'armée territoriale dont l'instruction militaire et dont la préparation au rôle qu'ils auront à accomplir en temps de guerre ont été reconnues complètes peuvent, sur leur demande, être dispensés d'une ou plusieurs des périodes d'exercices auxquelles ils sont astreints aux termes des articles 38 et 48 du présent règlement, si toutefois les nécessités du service le permettent.

Toute demande de dispense est accompagnée de l'avis motivé du directeur de l'école d'instruction à laquelle est inscrit l'officier ou assimilé (art. 74) et du chef de corps ou de service auquel il appartient. Elle est transmise dans les formes prescrites par l'article 129 au général commandant le corps d'armée, qui statue.

Art. 57. Les officiers et assimilés dégagés de toute obligation militaire, qui ont été maintenus dans les cadres de la réserve ou de l'armée territoriale, ne sont convoqués en temps de paix que s'ils y ont préalablement consenti.

§ 2. — *Ajournements.*

Art. 58. Les officiers et assimilés convoqués pour une période d'exercices peuvent être ajournés sur leur demande, si cette mesure est justifiée par des motifs légitimes ou si l'appel de ces officiers ou assimilés est de nature à compromettre le fonctionnement des services publics auxquels ils sont attachés.

Toute demande d'ajournement est transmise par le chef de corps ou de service au général commandant la subdivision du domicile ou de la résidence de l'officier intéressé. Cet officier général, après enquête, statue et rend compte au commandant de corps d'armée.

Art. 59. L'appel de l'officier ou assimilé est reporté à une date ultérieure fixée par le chef de corps ou de service de l'armée active d'après les nécessités du service, en tenant compte, autant que possible, des convenances personnelles de l'officier.

L'officier de l'armée territoriale ajourné peut être appelé à accomplir sa période d'exercices dans un corps de troupe de l'armée active.

§ 3. — *Devancements d'appel.*

Art. 60. Les officiers et assimilés peuvent obtenir l'autorisation d'accomplir, par devancement d'appel, leur période d'exercices avant la date fixée pour leur convocation.

Les demandes de cette nature doivent être fondées sur des raisons sérieuses ; elles sont soumises aux mêmes formes que les demandes d'ajournement.

§ 4. — *Changements de destination.*

Art. 61. Les officiers ou assimilés affectés à des corps ou services éloignés de leur résidence peuvent, mais à titre exceptionnel, être autorisés à accomplir leur période d'exercices dans un corps ou service de la région de corps d'armée dans laquelle ils résident.

Les deux chefs de corps ou de service intéressés sont consultés, et le général commandant la région prononce.

CHAPITRE IV.

STAGES.

§ 1ᵉʳ. — *Stages obligatoires.*

Art. 62. Les officiers ou assimilés de réserve ou de l'armée territoriale dont l'instruction militaire a été, au cours d'une période d'exercices, reconnue insuffisante, sont appelés l'année suivante pour accomplir un stage obligatoire d'une durée d'un mois au plus pour les officiers et assimilés de réserve, de quinze jours au plus pour ceux de l'armée territoriale.

Art. 63. Les officiers et assimilés sont désignés pour faire un stage obligatoire sur la proposition du chef de corps ou de service acceptée par l'inspecteur général ou par son délégué.

Art. 64. Ils sont convoqués à l'époque la plus favorable à leur instruction. Ils sont, pendant ce stage obligatoire, considérés à tous les points de vue comme accomplissant une période normale d'exercices.

§ 2. — *Stages volontaires avec solde.*

Art. 65. Les officiers ou assimilés de réserve et de l'armée territoriale désireux de développer leur instruction militaire peuvent, dans la limite des crédits budgétaires, être autorisés à accomplir des stages avec solde d'une durée d'un mois pour les officiers ou assimilés de réserve et de quinze jours au moins à un mois au plus pour les officiers ou assimilés de l'armée territoriale.

Aucun officier de réserve ou assimilé ne peut, au cours de la même année, être convoqué avec solde pendant plus de deux mois, à quelque titre que ce soit.

Art. 66. Les demandes de stage volontaire avec solde sont soumises aux chefs de corps ou de service de l'armée active qui statuent et convoquent, s'il y a lieu, les intéressés. Il est rendu compte au général commandant le corps d'armée des autorisations ainsi accordées.

Art. 67. Les stages volontaires avec solde ne peuvent être accomplis que dans le corps ou service auquel appartient l'officier ou assimilé.

Art. 68. Pendant ces stages, l'officier ou assimilé est considéré, à tous les points de vue, comme accomplissant une période normale d'exercices.

§ 3. — *Stages volontaires sans solde.*

Art. 69. Les officiers ou assimilés de réserve et de l'armée territoriale peuvent, sur leur demande, être autorisés à faire un stage, sans solde, d'une durée de huit jours au moins et de trois mois au plus ; ce stage peut être fait dans un corps ou service autre que celui auquel appartient l'officier ou assimilé ; il est soumis aux mêmes dispositions que les autres stages, avec cette différence qu'il ne donne droit à aucune solde ou indemnité.

La demande est adressée au chef de corps ou de service de l'officier ; elle est transmise par la voie hiérarchique au chef du corps ou du service dans lequel il désire faire son stage volontaire. Ce dernier statue et rend compte au commandant du corps d'armée.

CHAPITRE V.

ÉCOLES D'INSTRUCTION.

§ 1er. — *Objet et fonctionnement des écoles d'instruction.*

Art. 70. Les écoles d'instruction ont pour but de préparer les officiers ou assimilés de réserve et de l'armée territoriale aux fonctions qu'ils doivent exercer pendant les périodes d'exercices, de développer d'une manière constante et progressive leur instruction, et d'entretenir en eux l'esprit de corps en les mettant en rapports fréquents avec les chefs de corps ou de service sous les ordres desquels ils doivent servir, soit en temps de paix, soit en temps de guerre.

Art. 71. Les directeurs des écoles d'instruction appartiennent à l'armée active.

Art. 72. L'année d'instruction commence, en principe, le 1er novembre et se termine le 1er août.

Les séances d'instruction ont lieu une fois par semaine et de préférence dans la matinée du dimanche, de manière à réunir le plus grand nombre d'officiers possible.

La saison d'hiver, du 1er novembre au 1er avril, est employée aux théories ou conférences. Le programme des connaissances exigées des candidats pour l'avancement (annexe n° 1 du présent règlement) peut servir de guide dans le choix des sujets à traiter.

Le bon fonctionnement de cette institution repose essentiellement sur la valeur, l'activité et le dévouement des directeurs des écoles d'instruction ; ceux-ci ne doivent donc jamais perdre de vue l'importance de la mission qui leur est confiée ; ils s'attachent à augmenter progressivement l'intérêt des conférences ou des théories et à rendre cette instruction attrayante et surtout pratique.

Les exercices sur le terrain ont lieu dans la belle saison, généralement du 1er avril au 1er août. Ils se bornent à des manœuvres simples sur le champ de manœuvres ou en terrain varié, et à des applications du service en campagne.

Les troupes nécessaires à cette instruction sont mises à la disposition de l'Ecole par les commandants d'armes. Si les exercices ont lieu le dimanche, elles sont prises dans les fractions de la garnison commandées de piquet et doivent être rentrées dans leurs quartiers pour la soupe du matin.

Les officiers qui doivent être montés en temps de guerre prennent part à cheval aux exercices pratiques, toutes les fois qu'il est possible de mettre des montures à leur disposition.

Art. 73. Les écoles d'instruction sont soumises aux règles générales concernant la discipline, la tenue et l'instruction. (Voir art. 130.)

La tenue militaire est obligatoire pour les exercices pratiques et les tirs ; elle est facultative pour les conférences et les théories.

Art. 74. Tout officier ou assimilé de réserve ou de l'armée territoriale doit être inscrit à une école d'instruction, en principe à celle qui se trouve la plus rapprochée de sa résidence.

Il adresse à cet effet sa demande à son chef de corps ou de service, si ce corps ou service est stationné dans la région de corps d'armée. Dans le cas contraire, il s'adresse directement au général commandant la subdivision, qui lui fait connaître l'école d'ins-

truction dont il est autorisé à suivre les cours; l'officier ou assimilé en informe son chef de corps ou de service.

Art. 75. Tous les ans, au 1er octobre, les directeurs des écoles
d'instruction envoient aux officiers ou assimilés autorisés à en suivre les cours le programme des conférences et des exercices pratiques qui auront lieu au cours de l'année d'instruction, à partir
du 1er novembre suivant.

Les officiers ou assimilés leur accusent réception de cette com-
munication et leur font connaître la date de la première séance à
laquelle ils comptent pouvoir se rendre.

Les directeurs des écoles adressent aux officiers qui ont à se
déplacer un ordre de convocation avec les titres nécessaires pour
assurer leur transport au tarif militaire sur les chemins de fer, à
l'aller et au retour (1).

Art. 76. A l'issue de chaque séance d'instruction, l'état nominatif des officiers qui y ont assisté est adressé par le directeur de
l'Ecole au général de brigade ou directeur du service qui, aux
termes des articles 79, 80 et 81, en a l'inspection permanente.

Art. 77. Au 1er juillet de chaque année, il est établi par le directeur de l'Ecole, pour chacun des officiers inscrits à cette Ecole
d'instruction, une feuille de notes spéciales du modèle B joint au
présent règlement.

Cette feuille de notes est adressée, par la voie hiérarchique, au
chef de corps ou de service dont relève l'officier, et est annexée à
son feuillet du personnel.

Il est tenu compte des renseignements qu'elle contient pour l'é-
tablissement de la feuille de notes définitive de l'officier et pour
les propositions dont il peut être l'objet. (Voir titre IV, chapitre 3 :
Inspection générale.)

§ 2. — *Organisation des écoles d'instruction.*

Art. 78. Les écoles d'instruction sont rattachées aux corps ou
services correspondants de l'armée active.

Art. 79. Dans chaque subdivision de région, l'Ecole d'instruction
comprend les officiers de réserve et de l'armée territoriale domiciliés ou en résidence dans cette subdivision et appartenant à
l'arme de l'infanterie, aux douaniers et aux chasseurs forestiers.

Le général commandant la subdivision en a la haute direction et
l'inspection permanente.

Art. 80. Dans chaque région de corps d'armée, les officiers de

---

(1) Jusqu'au moment où des dispositions nouvelles pourront être mises en
vigueur, on continuera à faire usage des bons de réduction prévus par l'instruction du 8 avril 1889.

réserve ou de l'armée territoriale domiciliés ou en résidence dans cette région et appartenant à une arme autre que l'infanterie sont affectés à une ou plusieurs écoles d'instruction, suivant les circonstances et le nombre d'officiers à instruire.

Le général commandant la brigade de cavalerie, le général commandant l'artillerie et le général commandant le génie du corps d'armée en ont respectivement la haute direction et l'inspection permanente.

Art. 81. Il en est de même pour les officiers ou assimilés de réserve ou de l'armée territoriale appartenant aux services administratifs.

L'intendant de la région a la haute direction et l'inspection permanente des écoles d'instruction auxquelles sont affectés ces officiers ou assimilés.

Art. 82. L'instruction des médecins de réserve et de l'armée territoriale est soumise à des dispositions spéciales et est assurée par les soins du directeur du service de santé du corps d'armée.

Ils sont inscrits, par ordre, à l'hôpital militaire régional, au chef-lieu du corps d'armée.

Art. 83. Les vétérinaires de réserve et de l'armée territoriale sont inscrits aux écoles d'instruction de cavalerie, dans les mêmes conditions que les officiers de cette arme.

Art. 84. Les officiers ou assimilés de réserve ou de l'armée territoriale appartenant à des armes ou services autres que ceux qui sont énumérés ci-dessus sont inscrits aux écoles subdivisionnaires d'infanterie.

Art. 85. Il peut être créé, pour chaque arme ou service, autant d'annexes des écoles d'instruction que le comportent les ressources des différentes garnisons et le nombre des officiers de réserve et de l'armée territoriale qui peuvent y être affectés.

Art. 86. Les gouverneurs militaires et les commandants de corps d'armée règlent toutes les questions concernant l'organisation et le fonctionnement des écoles d'instruction et des annexes à créer sur leur territoire.

Ils adressent au Ministre un rapport d'ensemble à ce sujet, le 15 avril et le 15 septembre de chaque année.

A cet effet, ils reçoivent, au 1er avril et au 1er septembre, des généraux de brigade ou directeurs de service ayant l'inspection permanente des écoles d'instruction, un rapport spécial exposant les résultats acquis pendant la période écoulée et contenant leurs observations ou propositions concernant le fonctionnement de ces écoles.

Art. 87. Les gouverneurs militaires de Paris et de Lyon déterminent le nombre d'écoles d'instruction ou d'annexes à créer sur leur territoire, d'après l'effectif des officiers de réserve et de l'armée territoriale domiciliés ou en résidence dans la région placée sous leur commandement et les ressources dont ils disposent pour leur instruction.

Ils désignent les officiers généraux ou directeurs de services chargés de la haute direction et de l'inspection permanente de ces écoles.

§ 3. — *Infanterie.*

Art. 88. Le général commandant la subdivision, inspecteur permanent de l'École d'instruction subdivisionnaire, approuve les programmes établis par le directeur de l'Ecole, en suit l'exécution, assiste aux séances les plus importantes, et se rend compte par lui-même des progrès réalisés.

Art. 89. Le fonctionnement de l'Ecole d'instruction est assuré par le régiment subdivisionnaire d'infanterie, sous l'autorité du colonel.

Le cadre de l'Ecole comprend :

Le lieutenant-colonel commandant le régiment de réserve, directeur de l'Ecole ;

Un chef de bataillon de l'armée active, adjoint au directeur de l'Ecole ;

Un nombre variable de capitaines et de lieutenants instructeurs de l'armée active.

Le choix des officiers est soumis à l'approbation du général commandant la subdivision.

Art. 90. Le lieutenant-colonel directeur de l'Ecole établit le programme de l'instruction théorique et pratique, répartit le service entre les officiers instructeurs et assure la marche régulière de l'instruction.

Le chef de bataillon adjoint remplace le directeur de l'Ecole absent, assure l'exécution de ses ordres et concourt à l'enseignement théorique et pratique.

Les officiers instructeurs sont plus particulièrement chargés de donner l'instruction pratique.

En dehors du cadre permanent, des officiers peuvent être mis temporairement à la disposition du directeur de l'Ecole, soit pour traiter une question spéciale, soit pour participer à des exercices pratiques.

Art. 91. Chaque séance d'instruction théorique donne lieu à la rédaction d'un résumé destiné à être mis à la disposition des officiers, et notamment de ceux qui n'ont pu assister à la séance. Un officier de réserve ou de l'armée territoriale en est chargé.

De temps à autre, un de ces officiers peut aussi être appelé à traiter en conférence un sujet déterminé donnant lieu à l'application des principes exposés par les officiers instructeurs dans les séances précédentes.

Art. 92. L'instruction pratique comprend l'école de section et l'école de compagnie et des applications du service en campagne. Quelques séances peuvent être consacrées à l'école de bataillon ou à des manœuvres de bataillon avec cadres.

Art. 93. L'enseignement du tir et les principes de l'emploi des feux doivent être l'objet de l'attention constante des instructeurs.

Une école de tir au fusil de guerre et au revolver peut être annexée à chaque école d'instruction, si elle ne doit pas entraver le bon fonctionnement des sociétés de tir existantes. Le général commandant la subdivision décide à cet égard.

Dans le cas ou une école de tir est adjointe à l'école d'instruction, les dépenses occasionnées par l'entretien du matériel de tir et les réparations aux armes sont supportées par la masse des écoles du régiment subdivisionnaire. Les munitions sont prélevées sur les économies de ce corps et font, au besoin, l'objet de demandes d'allocations spéciales qui sont soumises au Ministre.

Art. 94. Les écoles annexes sont soumises aux règles qui précèdent. Le cadre permanent en est déterminé, suivant les besoins, par le général commandant la subdivision.

§ 4. — *Cavalerie.*

Art. 95. Le nombre des écoles d'instruction et de leurs annexes est déterminé, dans chaque région, par le commandant de corps d'armée, d'après les propositions du général commandant la brigade de cavalerie, qui, à leur égard, a les attributions prévues par l'article 88 pour les généraux commandant les subdivisions.

Art. 96. Le fonctionnement de ces écoles ou annexes est assuré par le régiment de cavalerie auquel elles sont rattachées.

Art. 97. Le cadre de chaque école comprend :

Un lieutenant-colonel, directeur ;
Un capitaine et des lieutenants-instructeurs.
Le choix de ces officiers est soumis à l'approbation du général commandant la brigade de cavalerie.

Art. 98. Dans les régions où se trouvent des régiments de cavalerie indépendante, les écoles d'instruction qui y sont rattachées sont placées sous l'autorité du général commandant la brigade ; cet officier général en a la haute direction et l'inspection permanente.

Art. 99. Les dispositions des articles 90 et 91 sont applicables aux écoles d'instruction de cavalerie.

Art. 100. Il peut être organisé, dans la période d'hiver, concurremment avec l'instruction théorique, des séances d'équitation au manège, toutes les fois que cela est possible.

Pendant la période d'été, l'instruction pratique des officiers est assurée surtout en leur donnant les moyens de participer fréquemment aux exercices extérieurs du régiment. Ces officiers en sont informés par notification individuelle, et, s'ils le demandent, des chevaux sont mis à leur disposition.

Le général de brigade détermine, pour chaque école, le nombre de chevaux qui peuvent, aux diverses époques de l'année, être mis à la disposition des officiers de réserve ou de l'armée territoriale pour les reprises de manège ou les exercices extérieurs.

§ 5. — *Artillerie.*

Art. 101. Le nombre des écoles d'instruction d'artillerie et de leurs annexes est déterminé, dans chaque région, par le général commandant le corps d'armée, sur la proposition du général commandant la brigade d'artillerie, qui, à leur égard, a les attributions prévues à l'article 88 pour le général commandant la subdivision.

Art. 102. Le fonctionnement de ces écoles ou annexes est assuré par les régiments ou bataillons d'artillerie auxquels elles sont rattachées.

Les officiers de réserve ou de l'armée territoriale sont répartis entre elles d'après leurs fonctions en cas de mobilisation.

Art. 103. Le cadre de chaque école comprend :

Un lieutenant-colonel d'artillerie, directeur de l'école d'instruction ;

Un chef d'escadron d'artillerie, directeur adjoint ;

Un nombre variable de capitaines et de lieutenants instructeurs ;

Le lieutenant-colonel et les officiers qui lui sont adjoints sont désignés par le général commandant la brigade d'artillerie.

Art. 104. Les dispositions des articles 90, 91 et 100 sont applicables aux écoles d'instruction d'artillerie.

Art. 105. Le fonctionnement des écoles annexes est assuré par les corps de troupe ou fractions désignés à cet effet. Le cadre en est déterminé par le général de brigade, d'après les ressources locales et l'importance de chacune d'elles.

Les dispositions qui précèdent sont applicables au train des équipages militaires.

§ 6. — *Génie.*

Art. 106. Le nombre des écoles d'instruction du génie et de leurs annexes est déterminé, dans chaque région, par le commandant du corps d'armée.

Le général commandant le génie, dans les régions où il existe un officier général de cette arme, a les attributions prévues à l'article 88 pour les généraux commandant les subdivisions, en ce qui concerne les écoles d'instruction.

Art. 107. Le fonctionnement des écoles d'instruction du génie est soumis aux mêmes règles que celui des écoles d'instruction d'infanterie.

Art. 108. Dans les régions ou subdivisions de région où il n'existe pas de troupes du génie, les officiers de cette arme sont inscrits aux écoles subdivisionnaires d'infanterie.

Des conférences ou exercices sont organisés spécialement au point de vue de leur instruction technique, toutes les fois que la présence d'officiers de l'armée active appartenant à l'état-major particulier ou aux troupes du génie rend cette solution possible.

Ces officiers sont désignés, sur la demande du directeur de l'école d'infanterie, par le chef du service du génie local.

§ 7. — *Services administratifs.*

Art. 109. — Le nombre des écoles d'instruction du service de l'intendance et de leurs annexes est déterminé, dans chaque région, par le commandant du corps d'armée, sur la proposition du directeur de l'intendance de la région, qui, à leur égard, a les attributions prévues à l'article 88 pour le général commandant la subdivision.

Art. 110. Il peut être créé, dans chaque résidence de sous-intendant, une école d'instruction pour les personnels du cadre auxiliaire de l'intendance domiciliés ou en résidence à proximité.

Art. 111. Il importe de préparer chacun d'eux au rôle spécial qui lui sera attribué en cas de mobilisation. Ce but peut être atteint par des conférences, des exercices techniques et des études théoriques ou pratiques faites sur place.

Art. 112. Les sous-intendants militaires ainsi désignés par le directeur du service de l'intendance se conforment, autant que possible, aux règles générales tracées pour le fonctionnement des écoles d'instruction et prennent, pour assurer l'instruction du personnel de réserve et de l'armée territoriale qui leur est confié, les mesures qu'ils jugent les plus favorables.

Ils peuvent demander aux commandants d'armes de mettre à leur disposition le personnel nécessaire aux exercices pratiques.

CHAPITRE VI.

MANŒUVRES, EXERCICES, TRAVAUX SPÉCIAUX, CONFÉRENCES
DE GARNISON.

§ 1er. — *Manœuvres, exercices.*

Art. 113. Les officiers ou assimilés de réserve et de l'armée territoriale peuvent être autorisés à prendre part ou à assister aux
manœuvres, exercices ou travaux exécutés par les corps de
troupe ou services stationnés dans le lieu où ils résident ou dans
des localités voisines.

Ils adressent, dans ce cas, leurs demandes directement au chef
de corps, de détachement ou de service qui a la direction de ces
manœuvres, exercices et travaux, en indiquant le temps pendant .
lequel ils désirent pouvoir y participer.

Le chef de corps, de détachement ou de service statue à l'égard
de ces demandes, en tenant compte, toutefois, de leur opportunité
et des exigences du service.

Il rend compte, au général commandant le corps d'armée, des
autorisations accordées ou refusées. Dans ce dernier cas, il lui
fait connaître le motif de sa décision.

§ 2. — *Manœuvres et conférences de garnison.*

Art. 114. Dans chaque garnison, les commandants d'armes déterminent les conférences de garnison auxquelles les officiers de
réserve et de l'armée territoriale peuvent assister.

Ces officiers doivent, le plus souvent possible, prendre part aux
manœuvres de garnison qui s'exécutent dans le voisinage de leur
résidence.

Ils peuvent même, dans ce cas, s'ils appartiennent aux corps
qui manœuvrent, recevoir les allocations (solde et indemnités)
attribuées aux officiers de l'armée active. Les crédits nécessaires
sont prélevés sur les fonds mis à la disposition des corps ou services pour les stages volontaires avec solde.

§ 3. — *Dispositions communes aux manœuvres, travaux, conférences,
auxquels les officiers peuvent être appelés à prendre part.*

Art. 115. Les officiers ou assimilés de réserve ou de l'armée
territoriale sont avisés, en temps utile, des manœuvres, exercices,
travaux ou conférences de garnison auxquels ils auraient intérêt
à assister. Ces avis, accompagnés de l'indication du jour, du lieu

et de l'heure du rendez-vous, sont portés à leur connaissance par notification individuelle, s'il y a lieu, mais le plus souvent, par les moyens de publicité dont disposent les commandants d'armes, avec le concours de la presse locale.

Art. 116. Les officiers ou assimilés autorisés à prendre part à des exercices ou manœuvres y exercent, si c'est possible, un commandement de leur grade.

Ils se présentent en uniforme, au moment du rendez-vous, au directeur de la manœuvre ou de l'exercice, qui leur assigne un commandement ou, tout au moins, les met à la disposition d'un des commandants d'unités placés sous ses ordres. Ils suivent cette unité pendant la manœuvre et assistent à la critique.

Art. 117. Sauf l'exception prévue à l'article 114 pour les manœuvres de garnison, les officiers ou assimilés sont considérés comme assistant à une des séances de l'école d'instruction, et n'ont droit à aucune solde ou indemnité. Ceux qui ont à se déplacer reçoivent, sur leur demande, un ordre de convocation, accompagné des titres nécessaires pour leur assurer le transport au tarif militaire sur les chemins de fer.

Art. 118. Les officiers ou assimilés autorisés à prendre part à des manœuvres de garnison, exercices ou travaux d'une durée de plus d'un jour, sont notés par le chef de corps, de service ou de détachement sous les ordres duquel ils sont momentanément placés Ces notes, consignées sur une feuille spéciale du modèle B annexé au présent règlement, sont adressées au chef de corps ou de service auquel appartient l'officier ou assimilé, pour être jointes à son feuillet du personnel.

TITRE IV.

ADMINISTRATION ET INSPECTION DES OFFICIERS.

CHAPITRE Ier.

DEVOIRS DES OFFICIERS DANS LEURS FOYERS.

§ 1er. — *Domicile et résidence.*

Art. 119. Les officiers ou assimilés de réserve et de l'armée territoriale, dans leurs foyers, sont placés sous l'autorité de l'officier général exerçant le commandement territorial sur la subdivision de région dans laquelle ils ont leur domicile.

Art. 120. Il est tenu, à l'état-major de chaque subdivision de région, un contrôle nominatif des officiers et assimilés de réserve ou de l'armée territoriale domiciliés ou en résidence dans cette subdivision.

Art. 121. Les officiers ou assimilés de réserve ou de l'armée territoriale qui changent de domicile ou de résidence se conforment aux prescriptions de l'article 55 de la loi du 15 juillet 1889 sur le recrutement de l'armée.

. Ils en informent en outre le chef de corps ou de service dont ils relèvent. Ce dernier transmet cette mutation au chef de corps ou de service actif correspondant qui la fait connaître aux généraux commandant les subdivisions du point de départ et du point d'arrivée.

Art. 122. Tout officier ou assimilé qui arrive dans une subdivision pour y résider pendant plus d'un mois en informe par lettre le général commandant la subdvision. Il lui fait connaître de même le jour de son départ.

§ 2. — *Visite au général commandant la subdivision.*

Art. 123. Tout officier de réserve ou de l'armée territoriale est tenu de se présenter, en uniforme, dans le délai de deux mois, au général commandant la subdivision :

1º Après sa nomination au grade d'officier ;

2º Lorsqu'il arrive dans la subdivision, après un changement de domicile, si les deux subdivisions du point de départ et du lieu d'arrivée ne sont pas placées sous le commandement du même général de brigade.

Art. 124. Cette visite a lieu de préférence dans l'une des garnisons voisines de la résidence de l'officier, aux jours où le général commandant la subdivision est appelé à s'y rendre pour le service.

Le général commandant la subdivision fait connaître à l'officier les jours, lieux et heures auxquels il pourrait le recevoir. Celui-ci indique au général le lieu et le jour auxquels il demande de préférence à être reçu. Il lui est alors adressé un ordre de convocation qui lui donne droit au tarif militaire sur les chemins de fer.

Art. 125. Dans le cas où, pour des motifs graves : maladie, cas de force majeure, etc., l'officier ne peut se rendre à cette convocation, il en rend compte directement par lettre au général commandant la subdivision. Il est tenu, dès que les causes de l'empêchement ont cessé d'exister, de se présenter, en uniforme, au commandant d'armes de la garnison où il avait été convoqué. Le commandant d'armes informe le général commandant la subdivision de l'exécution de cette prescription.

Le général commandant la subdivision, peut aussi, suivant les circonstances, prolonger le délai de deux mois accordé à l'officier, lui faire connaître qu'il le recevra après l'une des séances de l'école d'instruction à laquelle l'officier a demandé à se rendre, ou même l'autoriser à différer cette visite jusqu'au moment du conseil de revision. Dans ce cas, l'officier est convoqué au chef-lieu de canton de son domicile.

Art. 126. Tout officier qui, sans motifs légitimes, aura contrevenu aux dispositions qui précèdent, sera passible d'une punition disciplinaire. En outre, il pourra être convoqué d'office aux jour et lieu déterminés par le général commandant la subdivision, sans pouvoir prétendre à aucune indemnité.

Art. 127. Les dispositions du précédent paragraphe sont applicables aux assimilés de réserve ou de l'armée territoriale.

CHAPITRE II.

ADMINISTRATION. — CORRESPONDANCE DE SERVICE.

§ 1er. — *Administration.*

Art. 128. Les officiers de réserve et de l'armée territoriale sont administrés par le corps de l'armée active auquel est rattaché le corps de réserve ou le corps de l'armée territoriale dont ils font partie.

Il en est de même pour les officiers ou assimilés affectés à différents corps ou services.

Art. 129. Les officiers ou assimilés adressent leurs demandes au chef de corps ou de service dont ils relèvent. Celui-ci les fait parvenir avec son avis au chef de corps ou de service correspondant de l'armée active qui, suivant le cas, statue sur ces demandes ou les transmet par la voie hiérarchique avec ses propositions.

Les intéressés sont informés dans les mêmes formes de la suite donnée à leurs demandes.

Art. 130. Toutes les demandes concernant les écoles d'instruction sont adressées au directeur de l'Ecole qui, à l'égard des officiers autorisés à en suivre les cours, a les attributions d'un chef de corps.

§ 2. — *Correspondance de service.*

Art. 131. Les officiers ou assimilés de réserve et de l'armée territoriale se conforment, pour leur correspondance de service, aux règles et aux modèles prescrits par le décret sur le service intérieur des corps de troupe.

CHAPITRE III.

INSPECTIONS.

§ 1er. — *Dispositions générales.*

Art. 132. Les officiers ou assimilés de réserve ou de l'armée territoriale sont inspectés :

1° Tous les deux ans, en principe, au moment des périodes de convocation ;

2° Dans les années intermédiaires, au titre des écoles d'instruction auxquelles ils appartiennent.

§ 2. — *Inspection pendant la période de convocation.*

Art. 133. Pendant les périodes de convocation, les stages volontaires ou les stages obligatoires, les officiers ou assimilés de réserve ou de l'armée territoriale sont inspectés par l'inspecteur général du corps ou du service dans lequel ils sont appelés.

Le général de brigade ou le directeur du service peut être délégué spécialement pour cette inspection.

Art. 134. Il est établi, pour chacun de ces officiers ou assimilés accomplissant un stage ou une période d'exercices, une feuille de notes du modèle prescrit par les instructions sur les inspections générales pour les officiers de l'armée active.

Art. 135. Les feuilles de notes de ceux qui font un stage ou une période d'exercices dans un corps ou service autre que le leur sont adressées à l'inspecteur général de leur corps ou service, ainsi que les propositions dont ils ont pu être l'objet. Cet inspecteur général centralise ainsi dans le même travail l'inspection de tous les officiers ou assimilés appartenant au même corps ou service, à l'exception des officiers détachés

Les officiers détachés dans un service spécial sont inspectés au titre de ce service, et non au titre du corps auquel ils appartiennent.

Art. 136. Les présentations pour l'avancement, la Légion d'honneur ou autres récompenses sont établies par le chef de corps de l'armée active, de la réserve ou de l'armée territoriale, suivant le cas.

Elles sont vérifiées, classées par ordre de préférence et soumises à l'approbation de l'inspecteur général, par le chef de corps correspondant de l'armée active.

Les propositions acceptées par l'inspecteur général sont soumises aux commissions de classement : régionales pour l'infanterie, générales pour les autres armes ou services.

Art. 137. Les candidats aux grades de capitaine et de chef de bataillon ou d'escadron subissent des épreuves orales et écrites portant sur les connaissances correspondant aux grades pour lesquels ils concourent et spécifiées au programme annexé au présent règlement.

L'inspecteur général choisit les sujets des diverses épreuves.

La commission d'examen se compose :

1° De l'inspecteur général ou son délégué, président ;

2° Du chef de corps ou de service de l'armée active ;

3° Du chef de corps ou de service de réserve ou de l'armée territoriale.

En cas d'absence, les chefs de corps ou de service peuvent être remplacés par des officiers supérieurs de l'armée active ou de l'armée territoriale.

Un certificat faisant connaître, par la mention *très bien, bien* ou *assez bien*, les résultats de l'épreuve, est délivré au candidat. Une copie conforme de ce certificat est jointe à sa feuille de notes.

Les candidats détenteurs d'un certificat portant l'une des mentions *très bien* ou *bien* sont dispensés de subir à nouveau les épreuves, à moins qu'ils n'en fassent eux-mêmes la demande.

§ 3. — *Inspection au titre des écoles d'instruction.*

Art. 138. Dans l'intervalle des périodes de convocation, les officiers ou assimilés de réserve ou de l'armée territoriale sont inspectés au titre des écoles d'instruction par le général de brigade ou directeur du service, qui a la haute direction et la surveillance de l'école.

L'inspection a lieu du 15 juin au 15 juillet. Les officiers ou assimilés sont prévenus des séances d'instruction auxquelles assistera le général inspecteur ; ils sont invités à s'y rendre.

Le général inspecteur examine les résultats obtenus et les progrès réalisés par les officiers au cours de l'année d'instruction.

Il constate le degré d'instruction des officiers ou assimilés sur la feuille de notes spéciales, modèle B, prévue à l'article 77 du présent règlement. Il note d'une manière complète les officiers qu'il a pu voir ; pour les autres, il se contente d'une appréciation sommaire suivie de la mention : « N'était pas présent au moment de l'inspection ».

Il peut faire présenter pour l'avancement ou les récompenses ceux qui lui semblent dignes de cette faveur.

Art. 139. Ces présentations sont soumises aux règles édictées aux articles 136 et 137.

Elles sont établies par le directeur de l'Ecole, vérifiées, classées par ordre de préférence et soumises à l'approbation du général inspecteur de l'Ecole par le chef de corps correspondant de l'armée active.

Elles sont transmises à l'inspecteur général du corps auquel appartient l'officier ou assimilé, pour être comprises dans le travail d'inspection de ce corps ou service.

Art. 140. Les feuilles de notes et propositions établies au titre des écoles d'instruction doivent être parvenues à leur destination le 1er août au plus tard.

Art. 141. Les dispositions antérieures contraires à celles des titres I, II, III et IV du présent règlement sont et demeurent abrogées.

Le Ministre de la guerre,

A. MERCIER.

MINISTÈRE
DE LA GUERRE.

· DIRECTION. (1)

* BUREAU.

MODÈLE A.

(1) Désigner le corps.
(2) Nom, prénoms, grade
et emploi.
(3) « Réserve » ou «l'armée territoriale »,

FEUILLE INDIVIDUELLE concernant le sieur (2)
signalé comme susceptible d'être nommé au grade
de sous-lieutenant de (3) résidant
à

SIGNALEMENT.	SERVICES SUCCESSIFS. CAMPAGNES, BLESSURES ET DÉCORATIONS		
	Grades et emplois.	Corps.	Dates.
Numéro du registre matricule...	Entré au service comme		
Nom			
Prénoms			
Surnom			
Dernier domicile			
département d			
Profession d			
Fils d			
et d			
domiciliés à			
département d			
Né le			
à			
canton	Libérable du service actif le		
département d			
Taille de 1 mètre millimètres			
Visage................			
Front.................			
Yeux.................			
Nez....	Campagnes...⟨		
Bouche			
Menton...............			
Cheveux.			
Sourcils.............	Blessures, actions d'éclat, citations, etc.⟨		
Marques particulières			
Marié le			
à Dlle			
domiciliée à			
département d	Décorations et médailles.⟨		
Nombre d'enfants			

RELEVÉ des punitions du sieur

DATES des PUNITIONS.	GRADE	GENRE DE PUNITIONS ET NOMBRE DE JOURS.				PAR QUI les PUNITIONS ont été infligées.	MOTIFS des PUNITIONS.
		Consigne	Salle de police	Prison.	Cellule.		
TOTAUX.......							
TOTAL GÉNÉRAL							

Notes particulièrés sur le sieur

Constitution, santé.........

Tenue extérieure..........

Conduite et moralité........

Caractère...................

Intelligence et aptitude.......

Manière de servir .. ..

Instruction
{
  Langues étrangères......

  Comptabilité............

  militaire {
    théorique......
    pratique.......
  }

  Equitation ....
}

A   , le   189 .

Le Chef de corps,

Notes du chef de corps ou de service à l'appui de la proposition.	
Avis du général de brigade.	
Avis de l'inspecteur général.	

A   , le   189

Le Général de brigade,   *L'Inspecteur général,*

ANNEXE N° 1

AU RÈGLEMENT MINISTÉRIEL DU 23 MARS 1894

Programme (1) des connaissances exigées des candidats aux différents grades dans la réserve et l'armée territoriale.

I. — EXAMEN THÉORIQUE.

a) Règlements.

Devoirs et fonctions des officiers (2) dans les manœuvres, le service intérieur, le service des places, le service en campagne, le transport des troupes par voies ferrées, le remplacement des munitions sur le champ de bataille.

b) Instruction technique de l'arme.

Approvisionnements en munitions, emploi des feux et réglage du tir.

Travaux de campagne.

Notions sommaires de fortification permanente, pour les troupes de forteresse seulement.

Hygiène des hommes et des chevaux.

Soins à donner à l'habillement, l'équipement, la chaussure, le harnachement et l'armement.

c) Administration.

Administration d'une compagnie, d'un escadron ou d'une batterie en temps de paix et en campagne.

d) Législation.

Dispositions principales de la loi du recrutement, de la loi des cadres et de la loi sur les réquisitions militaires.

Position et avancement des officiers de réserve et de l'armée territoriale.

---

(1) Voir l'index des ouvrages à consulter pour la préparation des examens, page V.

(2) Du grade pour l'obtention duquel concourt le candidat.

Devoirs des hommes de la réserve et de l'armée territoriale dans 'eurs foyers et au moment de la mobilisation.

II. — EXAMEN PRATIQUE.

Application, sur le terrain, des connaissances théoriques en ce qui concerne les manœuvres, le tir et le service en campagne.

Lecture et emploi de la carte sur le terrain. Croquis sommaire à fournir à l'appui d'une reconnaissance.

Equitation. — Les candidats aux grades de sous-lieutenant et de lieutenant dans l'infanterie ou le génie sont dispensés de cette partie de l'examen.

ANNÉE 189 .

—

ᵉ CORPS D'ARMÉE.

—

(1)

MODÈLE B

(Règlement du 23 mars 1894,
articles 77, 118 et 138.)

(2) }

(1) Subdivision ou brigade.
(2) École d'instruction, régiment ou service où l'officier a été apprécié.
(3) Nom, prénoms, grade, corps ou service de l'officier.
(4) Nombre.
(5) Directeur de l'École, chef de corps ou de service.

FEUILLE de notes spéciales concernant M. (3)

(Profession et résidence)

Constitution	*Instruction de l'officier en :*
Santé	
Vue	Manœuvres
Caractère	Service en campagne
Intelligence	Instruction technique
Jugement	Administration
Renseignements divers	Lecture de la carte
Séances auxquelles l'officier a assisté : }	Conférences (4) sur (4) Exercices pratiques (4) sur (4)
Attitude, énergie, équitation, aptitude au commandement........ }	
Nommé au dernier grade, le.......	
Propositions dont il peut être l'objet. }	

A   , le   189 .

Le (5)

NOTES spéciales concernant M.

Notes du chef de corps ou de service actif (1).

Le (2)

Appréciations du général de brigade ou directeur du service de santé sur la moralité, la conduite, la tenue, l'instruction, la manière de servir de l'officier, et, s'il y a lieu, sur les propositions dont il est l'objet.

A   le   189 .

Le (3)

---

(1) Pour les officiers ayant suivi les cours d'une école d'instruction ou assisté à des manœuvres en dehors des périodes d'instruction.
(2) Le chef de corps ou de service.
(3) Le général de brigade ou directeur du service.

RAPPORT

AU PRÉSIDENT DE LA RÉPUBLIQUE FRANÇAISE

Paris, le 23 mars 1894.

Monsieur le Président,

Les instructions diverses concernant les officiers de réserve et les officiers de l'armée territoriale m'ont paru devoir être réunies dans un document unique destiné à les fixer, à les mettre en harmonie avec la loi du 25 juillet 1893 et à tenir compte de certaines modifications que l'expérience a démontré nécessaires.

Le règlement ministériel du 23 mars 1894 répond à ces besoins ; il précise les conditions dans lesquelles s'effectueront dans l'avenir le recrutement, la répartition dans les corps et services de l'armée, l'instruction, l'administration et l'inspection des officiers de réserve et de l'armée territoriale.

L'instruction de ces officiers s'y trouve l'objet de prescriptions détaillées déterminées par les considérations suivantes :

L'article 13 de la loi du 25 juillet 1893 a fait du régiment actif la véritable école d'instruction du régiment de réserve et du régiment territorial correspondants. Cette situation légale permet aujourd'hui d'assurer l'instruction des officiers de réserve et de l'armée territoriale, non seulement pendant les périodes de convocation, mais encore pendant toute l'année, en leur donnant les moyens de participer à la vie militaire du régiment actif et d'augmenter leurs connaissances professionnelles. Elle établira des liens plus étroits entre les officiers des trois régiments qui, en campagne, sont appelés à partager les mêmes fatigues et les mêmes dangers.

Je ne doute pas que les officiers de réserve et les officiers de l'armée territoriale ne voient dans ces dispositions une nouvelle preuve de la sollicitude du gouvernement à leur égard et ne tiennent à honneur de se montrer, en toutes circonstances, à hauteur de leurs obligations.

Aussi convient-il de déterminer — et c'est le but du présent décret — la part légitime d'avancement qui peut leur être attribuée, d'entourer l'obtention de chaque grade des garanties nécessaires propres à en augmenter la valeur et d'assurer aux officiers qui s'en montreront dignes une distinction et une récompense justifiées par leur zèle, leur dévouement et l'étendue de leurs aptitudes militaires.

Si vous approuvez ces propositions, j'ai l'honneur de vous prier de vouloir bien revêtir de votre signature le décret ci-joint.

Veuillez agréer, Monsieur le Président, l'hommage de mon respectueux dévouement.

Le Ministre de la guerre,
Signé : A. MERCIER,

Le Président de la République française,

Sur la rapport du Ministre de la guerre,

Décrète :

I. — Officiers de réserve.

Art. 1er. Les sous-lieutenants et lieutenants de réserve de l'infanterie et de la cavalerie, de l'artillerie, du génie et du train des équipages militaires peuvent obtenir de l'avancement jusqu'au grade de capitaine inclusivement.

Art. 2. L'avancement est donné exclusivement au tour du choix ; il a lieu sur toute l'arme.

Art. 3. Les sous-lieutenants de réserve ne peuvent être promus au grade de lieutenant qu'après avoir accompli quatre années dans le grade de sous-lieutenant et, pendant ces quatre années, deux périodes d'exercices de vingt-huit jours.

Par exception, les sous-lieutenants de réserve ayant servi dans ce grade pendant une année dans l'armée active pourront être promus au grade de lieutenant après avoir accompli la première des périodes d'exercices auxquelles ils sont réglementairement astreints. En aucun cas, ils ne pourront être nommés avant d'avoir accompli leur troisième année de grade de sous-lieutenant.

Art. 4. Dans chaque corps de troupe, le nombre des lieutenants de réserve est égal au tiers du nombre total des officiers de réserve (lieutenants et sous-lieutenants) inscrits sur les contrôles du corps, y compris les officiers à la suite détachés dans un service quelconque.

Art. 5. Les lieutenants de réserve peuvent être promus au grade de capitaine de réserve lorsqu'ils ont accompli six années dans le grade de lieutenant et, pendant ces six années, trois périodes de vingt-huit jours.

La condition d'accomplissement des périodes d'exercices n'est pas exigée des lieutenants de l'armée active démissionnaires ou retraités proposés pour le grade de capitaine de réserve.

Le nombre de capitaines de réserve de chaque corps de troupe et de l'état-major particulier de l'artillerie et du génie est fixé par le Ministre de la guerre.

Art. 6. Les dispositions des articles précédents ne sont pas applicables aux officiers de réserve, anciens élèves de l'Ecole polytechnique, employés dans les services civils qui se recrutent à cette Ecole, ni aux élèves de l'Ecole forestière entrés dans le service forestier, dont l'avancement est respectivement réglé par le décret du 3 septembre 1888 et le décret du 8 août 1884.

Art. 7. Les officiers de réserve sont inscrits aux tableaux d'avancement et peuvent en être rayés dans les mêmes formes que les officiers de l'armée active.

Art. 8. L'ancienneté de grade des officiers de réserve est déterminée par la date du décret de nomination à ce grade, soit dans l'armée active, soit dans la réserve.

Art. 9. Le temps passé dans leurs foyers par les officiers de réserve compte pour l'ancienneté de grade.

Le temps passé dans la position hors cadres et le temps de la suspension sont déduits de l'ancienneté.

Art. 10. En temps de guerre ou lorsqu'ils sont employés hors d'Europe (l'Algérie et la Tunisie exceptés), les officiers de réserve peuvent obtenir de l'avancement dans les conditions d'ancienneté fixées pour les officiers de l'armée active (1).

Les grades ainsi obtenus ne créent aux titulaires aucun droit pour être maintenus dans l'armée comme officiers de l'armée active.

II. — Officiers de l'armée territoriale.

Art. 11. Les officiers de réserve conservent, en passant dans l'armée territoriale, leur grade et leur ancienneté ; il en est de même des officiers qui passent directement de l'armée active dans l'armée territoriale.

Art. 12. A défaut d'emplois vacants de leur grade dans le corps auquel ils sont affectés ou à l'état-major particulier de leur arme, les officiers désignés à l'article précédent sont placés à la suite.

Au fur et à mesure que les vacances se produisent, celles-ci sont remplies par les officiers à la suite. A défaut d'officiers à la suite, les vacances sont remplies par promotions.

Art. 13. Il ne peut être nommé à un grade sans emploi dans l'armée territoriale (sauf dans les conditions prévues par les articles 10 et 11 du décret du 31 août 1878), ni être accordé de grades honoraires.

Art. 14. L'avancement a lieu exclusivement au choix pour tous les grades et dans toutes les armes ; il a lieu sur toute l'arme.

Art. 15. Dans chaque corps de troupe, le nombre des lieutenants de l'armée territoriale est égal à la moitié du nombre total des lieutenants et sous-lieutenants inscrits sur les contrôles du corps, y compris les officiers à la suite détachés dans un service quelconque.

Il en est est de même dans les états-majors particuliers qui

---

(1) Voir pour l'établissement des mémoires de proposition, la circulaire du 23 octobre 1894 reproduite plus loin.

comprennent des officiers du grade de lieutenant et de sous-lieutenant.

Art. 16. Les lieutenants de réserve qui ont été maintenus dans la réserve, sur leur demande, au moment où ils étaient appelés à passer dans l'armée territoriale, peuvent être proposés pour le grade de capitaine dans l'armée territoriale.

Il est dressé, pour chaque arme, un seul tableau d'avancement comprenant à la fois les lieutenants de réserve et les lieutenants de l'armée territoriale admis par les commissions de classemént pour le grade de capitaine dans l'armée territoriale.

Art. 17. Les lieutenants de réserve et les lieutenants de l'armée territoriale ne peuvent être nommés capitaines dans l'armée territoriale qu'après avoir accompli six années dans le grade de lieutenant et répondu, pendant ces six années, à trois périodes d'instruction, soit comme officiers de réserve, soit comme officiers de l'armée territoriale.

Les lieutenants de l'armée active démissionnaires ou retraités n'ont pas à satisfaire aux conditions concernant les périodes d'instruction.

Art. 18. Les emplois de capitaine qui resteraient vacants dans certains corps de troupe, faute de lieutenants réunissant les conditions voulues pour être nommés capitaines, seront remplis par des lieutenants. Le total des emplois de lieutenant dans chacun de ces corps de troupe sera transitoirement augmenté du nombre de lieutenants nécessaires pour assurer le commandement de toutes les unités.

Art. 19. Les capitaines de l'armée territoriale peuvent être nommés au grade de chef de bataillon ou d'escadron lorsqu'ils ont accompli dans le grade de capitaine six années de service et, pendant ces six années, trois périodes d'instruction.

Les capitaines de l'armée active démissionnaires ou retraités, ainsi que ceux qui sont proposés pour le grade de chef de bataillon ou d'escadron au moment où ils prennent leur retraite, n'ont pas à satisfaire aux conditions concernant les périodes d'instruction.

Art. 20. Les dispositions des articles précédents ne sont pas applicables aux officiers désignés à l'article 6 du présent décret, dont l'avancement continuera à être réglé par les décrets du 3 septembre 1888 et du 8 août 1884.

Art. 21. Les officiers de l'armée territoriale sont inscrits aux tableaux d'avancement et peuvent en être rayés dans les mêmes formes que les officiers de l'armée active.

Art. 22. L'ancienneté de grade des officiers de l'armée territoriale est déterminée par la date du décret de nomination à ce grade, soit dans l'armée active, soit dans la réserve, soit dans l'armée territoriale.

Art. 23. Le temps passé dans leurs foyers par les officiers de l'armée territoriale compte pour l'ancienneté de grade.

Le temps passé dans la position hors cadres et le temps de la suspension sont déduits de l'ancienneté.

Art. 24. Les dispositions antérieures contraires au présent décret sont et demeurent abrogées.

Art. 25. Le Ministre de la guerre est chargé de l'exécution du présent décret.

Fait à Paris, le 23 mars 1894.

Signé: CARNOT.

Par le Président de la République :

Le Ministre de la guerre,
Signé : A. MERCIER.

CIRCULAIRE MINISTÉRIELLE DU 11 AVRIL 1894

Au sujet de l'application du règlement et du décret du 23 mars 1894 concernant les officiers de réserve et de l'armée territoriale.

Mon cher Général, le règlement ministériel et le décret du 23 mars 1894 insérés au *Bulletin officiel* du ministère de la guerre, partie réglementaire, n° 13, ont établi les principes généraux qui doivent déterminer, à l'avenir, le recrutement, la répartition, l'instruction, l'administration, l'inspection et l'avancement des officiers de réserve et de l'armée territoriale.

Les règles qu'ils contiennent doivent, dans la mesure du possible, être étendues et appliquées aux divers personnels ayant une hiérarchie propre, un recrutement spécial ou une situation particulière. Les dispositions concernant les personnels de ces diverses catégories : assimilés, fonctionnaires et employés militaires, feront l'objet d'instructions spéciales ayant pour but de régler les cas particuliers, que le décret ou le règlement n'ont pu prévoir. Ces instructions vous seront adressées prochainement.

Le règlement et le décret du 23 mars 1894 seront mis immédiatement en vigueur, sans toutefois avoir d'effet rétroactif.

Il m'a paru utile d'appeler particulièrement votre attention sur les points qui ont besoin d'être précisés et sur les dispositions transitoires qu'il y a lieu de prévoir.

Règlement du 23 mars 1894.

TITRE Ier.

Dans toutes les armes, le peloton spécial prévu par l'article 6 sera constitué à la fin de la première période d'instruction, c'est-à-dire dès maintenant.

L'article 67 de l'instruction du 1er mars 1894 sur les inspections générales (dispositions communes à toutes les armes) sera modifié de la manière suivante :

* « Propositions pour le grade de sous-lieutenant de réserve
et de sous-lieutenant de l'armée territoriale.

* « Art. 67. Les sous-officiers libérables au cours de l'année
d'inspection sont proposés pour le grade de sous-lieutenant de
réserve ou de sous-lieutenant de l'armée territoriale, d'après les
règles établies au titre Ier du règlement du 23 mars 1894, articles 1,
2, 3 et 24. »

Les dispositions des articles 10 à 23 du règlement seront appliquées, dès à présent, à tous les candidats au grade de sous-lieutenant de réserve ou de sous-lieutenant de l'armée territoriale.

TITRE II.

A l'avenir, les officiers de réserve et de l'armée territoriale doivent être placés, autant que possible, dans les corps ou services
le plus rapprochés de leur résidence, de manière à être à même
de suivre les cours des écoles d'instruction et de participer aux
conférences, exercices ou manœuvres de l'armée active.

L'affectation actuelle des officiers de réserve et de l'armée territoriale pourra être modifiée, sur leur demande, mais dans des
limites restreintes, de manière à n'apporter aucun trouble dans la
constitution des unités. Cette mesure pourra être prise notamment en faveur des officiers qui appartiennent à des corps ou services stationnés dans des localités très éloignées de leur résidence.

Les demandes des officiers seront établies et transmises conformément aux prescriptions de l'article 129 ; elles devront spécifier
les raisons qui les ont motivées. Les changements de corps ou
d'emploi seront prononcés par le Ministre, sur la proposition des
commandants de corps d'armée, conformément aux prescriptions
de l'article 33 du règlement.

TITRE III.

Les officiers de réserve et de l'armée territoriale convoqués cette
année seront inspectés, pendant les périodes d'exercices, suivant
les prescriptions des articles 41, 42 et 52 du règlement.

Les demandes de dispenses, d'ajournements, de devancements
d'appel et de changements de destination seront désormais établies, transmises et accordées dans les formes indiquées aux articles 56 à 61 du règlement du 23 mars 1894.

Les stages volontaires, avec solde ou sans solde, d'une durée
d'un mois au moins, pour les officiers de réserve et de quinze jours
au moins pour les officiers de l'armée territoriale, compteront dans

le nombre des périodes d'exercices exigées pour l'avancement ; chacun de ces stages, quelle qu'en soit la durée, ne pouvant d'ailleurs être compté que pour une seule période d'exercices.

Les stages obligatoires ne peuvent, en aucun cas, être comptés pour l'avancement.

Les écoles d'instruction déjà créées seront maintenues ; les dispositions des articles 72 et 73 du règlement leur seront appliquées.

L'école de tir et d'instruction militaire de Lille prendra le nom d'Ecole de tir de Lille ; elle sera considérée comme une annexe de l'école d'instruction subdivisionnaire de Lille, dans les conditions prévues à l'article 93. Cette annexe restera sous le commandement du lieutenant-colonel territorial qui l'a créée.

Les gouverneurs militaires de Paris et de Lyon et les commandants de corps d'armée adresseront au Ministre (Cabinet du Ministre), en ce qui concerne les écoles d'instruction actuellement existantes, le rapport prescrit pour le 15 avril par l'article 86 du règlement.

Ils donneront les ordres nécessaires pour que toutes les dispositions concernant les écoles d'instruction puissent être mises en pratique à partir du 1er novembre 1894. Ils rendront compte au Ministre (Cabinet du Ministre), le 15 septembre, des mesures prises à ce sujet. Ils feront transmettre, en temps utile, aux généraux commandant les subdivisions et aux chefs de corps et de service les renseignements nécessaires pour l'exécution des prescriptions de l'article 74 du règlement.

TITRE IV.

Le contrôle nominatif des officiers et assimilés de réserve et de l'armée territoriale prescrit par l'article 120 sera immédiatement établi dans chaque subdivision et divisé en parties correspondant à chaque arme ou service.

Il contiendra les indications suivantes :

1° Nom et prénoms de l'officier;

2° Grade et date de la nomination à ce grade ;

3° Corps auquel appartient l'officier ;

4° Bureau de recrutement sur le registre matricule duquel il est inscrit;

5° Domicile et profession ;

6° Résidence habituelle ;

7° Ecole d'instruction à laquelle l'officier est inscrit ;

8° Observations et mutations.

L'état-major du corps d'armée adressera au général commandant chaque subdivision de région les renseignements nécessaires pour l'établissement de ce contrôle. Il adressera, de même, aux officiers généraux ou directeurs de service chargés de l'inspection permanente des écoles d'instruction, la liste nominative et les adresses des officiers ou assimilés relevant de leur autorité et domiciliés ou en résidence dans la région.

Les prescriptions du paragraphe 2, concernant la visite à faire au général commandant la subdivision, ne seront mises en vigueur qu'à partir du 1er juillet prochain, pour les officiers qui se trouveront dans les conditions déterminées par l'article 123.

Les officiers qui ont été convoqués, cette année, au chef-lieu de canton de leur domicile, au moment des opérations du conseil de revision, sont tenus de répondre à cette convocation.

Le général commandant la subdivision continuera à noter, en 1894, les officiers de réserve et de l'armée territoriale domiciliés dans la subdivision de région, conformément à l'article 305 de l'instruction du 28 décembre 1879.

A partir du 1er janvier 1895, il n'aura plus à noter les officiers appartenant aux armes autres que l'infanterie ; ce soin incombera désormais aux officiers généraux ou directeurs de service ayant l'inspection permanente des écoles d'instruction.

Les officiers de réserve et de l'armée territoriale de toutes armes domiciliés dans la subdivision n'en resteront pas moins, aux termes mêmes de l'article 119 du règlement du 23 mars 1894, et pour tout ce qui concerne la moralité, la conduite, la tenue, la police générale et la discipline, sous l'autorité et le contrôle immédiat du général commandant la subdivision.

Lorsqu'un officier ou assimilé de réserve et de l'armée territoriale est signalé comme se livrant à des écarts de conduite ou de tenue de nature à porter atteinte à sa considération, le général commandant la subdivision devra en informer le commandant du corps d'armée. Les faits signalés seront portés par ce dernier à la connaissance de l'officier général ou directeur du service chargé de noter l'officier ou assimilé et à celle de son chef de corps ou de service.

Les prescriptions des articles 133 à 137 relatives à l'inspection sont applicables à tous les officiers ou assimilés de réserve et de l'armée territoriale convoqués cette année pour des périodes d'exercices ou des stages.

Elles doivent être complétées par celles des articles 7 et 21 du décret portant règlement sur l'avancement. En conséquence, l'article 60 de l'instruction du 1er mars 1894 sur les inspections générales (dispositions communes à toutes les armes) sera modifié de la manière suivante :

* Inspection des officiers de réserve et de l'armée territoriale.

* « Art. 60. Les officiers de réserve et de l'armée territoriale convoqués pour des périodes d'exercices sont inspectés dans les conditions déterminées par les articles 133 à 137 du règlement du 23 mars 1894.

« Les officiers qui, au 31 décembre de l'année courante, remplissent les conditions d'ancienneté fixées par le décret du 23 mars 1894 peuvent être présentés pour l'avancement, s'ils se sont montrés dignes de cette faveur.

« Les sous-lieutenants de l'armée territoriale peuvent être proposés pour le grade de lieutenant quand ils ont quatre années de grade si, pendant ces quatre années, ils ont accompli deux périodes d'instruction soit comme officiers de réserve, soit comme officiers de l'armée territoriale.

« En dehors des conditions spéciales imposées par le décret et le règlement du 23 mars 1894, les propositions concernant les officiers, assimilés, employés militaires et hommes de troupe de la réserve et de l'armée territoriale sont soumises aux règles indiquées ci-après pour l'armée active. Elles donnent lieu à des états distincts pour la réserve et pour l'armée territoriale ; ces états sont joints, dans chacune des parties du livret d'inspection, aux états correspondants établis pour l'armée active.

« Il en est de même pour les présentations aux commissions de classement. »

Les prescriptions des articles 138 à 140 du règlement seront appliquées aux officiers faisant partie des écoles d'instruction existant à la date du 1er juillet 1894.

Décret portant règlement sur l'avancement.

Le nombre des lieutenants de réserve et des lieutenants de l'armée territoriale ne sera progressivement porté ou ramené au chiffre fixé par les articles 4 et 15 du décret qu'à partir du 1er janvier 1895.

Les réductions, s'il y a lieu, seront faites par voie d'extinction.

La présente circulaire sera insérée au *Bulletin officiel* du ministère de la guerre, partie supplémentaire.

Le Ministre de la guerre,
Signé : A. MERCIER.

CIRCULAIRE MINISTÉRIELLE DU 2 MAI 1894

Relative aux officiers de réserve et de l'armée territoriale dans les sociétés de tir territoriales ou mixtes et dans les sociétés de tir au canon.

Mon cher Général, l'examen des rapports annuels sur le fonctionnement des sociétés de tir territoriales et mixtes a permis de constater que ces sociétés, lorsqu'elles sont bien dirigées, donnent d'excellents résultats.

En entretenant le goût du tir chez les hommes de la réserve et de l'armée territoriale, elles contribuent à augmenter la valeur de notre infanterie mobilisée.

A ce titre, elles ont droit à toute la sollicitude de l'autorité militaire.

Les encouragements matériels ne peuvent être que restreints pour ne pas imposer à l'Etat une charge trop onéreuse ; il importe donc de favoriser le bon fonctionnement des sociétés en stimulant le zèle des officiers de réserve et de l'armée territoriale.

L'influence des officiers est, en effet, considérable et les résultats obtenus dépendent surtout de l'exemple qu'ils donnent et de l'action qu'ils exercent, soit en assistant assidûment aux séances de tir, soit en prenant part au fonctionnement et à l'administration des sociétés.

Ceux d'entre eux qui font preuve de zèle et de dévouement acquièrent, par les services qu'ils rendent, des titres à l'avancement et aux récompenses dont il y a lieu de tenir compte.

A cet effet, j'ai arrêté les dispositions suivantes qui sont d'ailleurs le développement normal des principes énoncés dans l'arcle 93 du règlement du 23 mars 1894.

Les lieutenants-colonels de l'armée territoriale présidents d'honneur des sociétés de tir territoriales ou mixtes enverront chaque année, avant le 1er juillet, au lieutenant-colonel directeur de l'école d'instruction subdivisionnaire :

1º La liste des officiers de réserve et de l'armée territoriale qui ont suivi les exercices de tir des sociétés, avec indication du nombre des séances auxquelles chacun d'eux aura assisté ;

2º La liste nominative des officiers de réserve et de l'armée territoriale qui prennent part au fonctionnement et à l'administration des sociétés de tir, avec indication de la nature et de l'importance de ces services, de leur durée et de l'époque à laquelle ils ont commencé.

Mention de ces indications sera faite pour chaque officier sur les feuilles de notes modèle B, établies conformément aux prescriptions de l'article 77 du règlement du 23 mars 1894.

Il devra en être tenu compte pour les propositions pour l'avancement et pour les récompenses.

Les considérations et les prescriptions qui précèdent sont également applicables aux officiers de réserve et de l'armée territoriale faisant partie des sociétés de tir au canon. Les renseignements spécifiés ci-dessus aux paragraphes 1er et 2e sont alors adressés par les présidents de ces sociétés aux lieutenants-colonels d'artillerie directeurs des écoles d'instruction dont relèvent les officiers.

Signé : A. MERCIER.

DÉCISION MINISTÉRIELLE DU 26 JUILLET 1894

Autorisant les officiers de réserve et de l'armée territoriale, de l'infanterie et de la cavalerie, affectés à des services spéciaux, qui sont mis à la suite d'un corps de troupe de leur arme, par application des dispositions du règlement du 23 mars 1894, à conserver la tenue de leur subdivision d'arme d'origine.

Le règlement du 23 mars 1894 dispose que les officiers de réserve et de l'armée territoriale de l'infanterie, de la cavalerie et de l'artillerie, doivent tous être affectés à des corps de troupes et que ceux qui sont désignés pour occuper des emplois dans les divers services de l'armée (service d'état-major, état-major particulier de l'artillerie, service des réquisitions, etc., etc.) sont mis à la suite du corps de troupe auquel ils restent affectés.

Un certain nombre d'officiers d'infanterie et de cavalerie de réserve et de l'armée territoriale appartenant aux services dont il s'agit, pouvant exceptionnellement, par suite de l'application des dispositions qui précèdent, être mis à la suite d'un corps de troupe d'une autre subdivision d'arme que celle dont ils sont originaires, le Ministre a décidé que ces officiers seraient autorisés, tant qu'ils seraient maintenus dans un service hors des troupes, à conserver et à porter, dans toutes les circonstances où ils auraient à revêtir l'uniforme, la tenue qu'ils portaient avant la mise en application du règlement du 23 mars 1894.

L'insertion, pour notification du présent document, a été faite au *Journal Officiel* de la République française du 28 juillet 1894.

CIRCULAIRE MINISTÉRIELLE DU 25 JUILLET 1894

Au sujet de l'application du règlement du 23 mars 1894.

Mon cher Général, l'application du règlement du 23 mars 1894 a soulevé un certain nombre de questions de détail pour lesquelles des solutions m'ont été demandées.

J'ai l'honneur de vous faire connaître, résumées dans la présente circulaire, dans l'ordre des articles du règlement, les décisions que j'ai prises à ce sujet.

Les dispositions concernant les assimilés et employés militaires des divers services feront, en outre, l'objet d'instructions spéciales.

Règlement du 23 mars 1894.

ARTICLE 1er.

L'état nominatif des sous-officiers libérables au cours de l'année d'inspection comprendra tous les sous-officiers dont la libération est prévue entre le 1er août et le 31 juillet de l'année suivante.

Lorsque, par suite de circonstances exceptionnelles, des sous-officiers quitteront le corps sans avoir été compris dans l'état précédent, des propositions pourront néanmoins être établies en leur faveur; elles seront alors transmises au Ministre au titre du service courant.

Les sous-officiers du génie peuvent être proposés soit pour le génie, soit pour l'infanterie.

Dans les unités détachées d'une manière permanente, en dehors de la portion principale du corps, le conseil appelé à statuer sera composé, comme en matière de rengagement, d'après les prescriptions de l'instruction du 20 mai 1889 (*B. O.*, page 1023), pour l'ensemble du détachement considéré comme formant corps.

Les candidats désignés par ce conseil seront présentés par le chef de détachement au général de brigade sous les ordres duquel le détachement se trouve placé; cet officier général délivre aux candidats qu'il a acceptés l'autorisation prévue au quatrième alinéa de l'article 1er du règlement.

Le chef de corps et le général de brigade sous les ordres duquel se trouve la portion principale du corps n'ont pas à intervenir. Toutefois, ils sont informés des décisions prises par le général de brigade qui, aux termes des dispositions qui précèdent, a le pouvoir de statuer.

ARTICLE 2.

Les prescriptions du deuxième alinéa de l'article 3 sont applicables aux caporaux ou brigadiers mentionnés aux articles 2 et 3.

ARTICLES 1 et 2.

Le règlement du 23 mars 1894 n'ayant pas eu d'effet rétroactif, les dispositions de l'instruction du 2 juillet 1889 doivent être appliquées aux sous-officiers ayant quitté le service avant le 23 mars 1894.

Aux termes de l'article 6 de l'instruction précitée, ces sous-officiers peuvent être présentés pour le grade d'officier de réserve au cours de leur première période d'exercices et même être autorisés à accomplir cette période par devancement d'appel.

Par mesure bienveillante, cette disposition pourra être étendue aux caporaux ou brigadiers qui étaient inscrits au tableau d'avancement avant leur libération en 1893.

ARTICLES 2 et 3.

Les caporaux ou brigadiers nommés sous-officiers le jour même de leur renvoi dans leurs foyers prendront rang du jour de leur passage dans la réserve.

Ils ne doivent donc pas être considérés comme d'anciens sous-officiers de l'armée active et n'ont pas droit à l'indemnité de première mise d'équipement.

Toutefois, des demandes, en nombre restreint, pourront être adressées en leur faveur ; il y sera fait droit par le Ministre dans la limite des crédits budgétaires.

§ 2. Sous-officiers provenant des hommes incorporés pour un an dans l'armée active.

Les dispositions des articles 5, 6 et 7 du règlement ministériel du 9 novembre 1890 continueront à être appliquées aux dispensés des articles 21, 22 et 23 qui ont terminé leur année de service en 1893 et les années précédentes.

Les nominations et les affectations des sous-lieutenants de réserve promus dans ces conditions seront faites conformément aux prescriptions de l'article 25 du règlement du 23 mars 1894.

ARTICLE 5.

Les dispositions de l'article 5 ne sont pas applicables aux jeunes soldats appelés qui ont été l'objet de deux ajournements successifs.

Article 7.

Les jeunes soldats désignés aux articles 5, 6 et 7 peuvent être nommés caporaux dans les conditions ordinaires.

Les jeunes soldats du peloton spécial, qui ont satisfait aux examens de fin d'année, sont nommés caporaux, s'ils ne le sont déjà, au moment de leur envoi dans la disponibilité.

Articles 8 et 9.

Les jeunes gens nommés sous-officiers à la fin de la période d'exercices à laquelle ils sont tenus dans l'année qui précède leur passage dans la réserve (dispensés des articles 21, 22 et 23) prennent rang du jour de leur nomination. Au point de vue de la première mise d'équipement, ils sont traités comme il est indiqué ci-dessus au paragraphe intitulé « Articles 2 et 3 ».

Article 10.

Les anciens engagés conditionnels de la cavalerie peuvent concourir pour le grade de sous-lieutenant de réserve d'artillerie ou de sous-lieutenant de réserve du train des équipages.

Les anciens engagés conditionnels de l'artillerie peuvent concourir pour le grade de sous-lieutenant de réserve du train des équipages.

Les anciens engagés conditionnels du génie peuvent concourir pour le grade de sous-lieutenant de réserve du génie ou de sous-lieutenant de réserve d'infanterie.

Dans les départements de la Seine et de Seine-et-Oise, les demandes des candidats appartenant à l'infanterie sont transmises par le général commandant la subdivision au régiment régional de Saint-Denis.

Article 13.

Les dispensés candidats au grade de sous-lieutenant de réserve seront convoqués en 1894, aux dates et dans les conditions fixées par la note ministérielle du 13 novembre 1893 (*B. O.*, partie supplémentaire, page 202), c'est-à-dire du 27 août au 23 septembre, les commandants de corps d'armée pouvant autoriser en faveur de ces candidats les devancements d'appel prévus par les deux derniers alinéas du titre Ier de la note ministérielle précitée.

Il en sera de même chaque année. Le Ministre fixera la date de la période d'appel pour l'ensemble des candidats, les commandants de corps d'armée ayant le pouvoir de statuer sur les cas particuliers.

Articles 17, 18 et 19.

L'acceptation des candidats par le général de brigade, approuvée par le commandant du corps d'armée, sera définitive. Les dossiers des candidats ainsi acceptés sont conservés au ministère de la guerre (bureau de l'arme). Les nominations au grade d'officier de réserve seront faites, autant que possible, par brigade et dans les conditions prévues aux articles 25 et 26 du règlement. Elles seront soumises au Ministre dans les premiers jours de chaque trimestre.

Le Ministre se réserve de statuer sur les exclusions demandées soit par le général de brigade, soit par le commandant du corps d'armée.

Les décisions du Ministre seront notifiées par la direction intéressée (bureau de l'arme) au commandant du corps d'armée et transmises au général de brigade.

Les dossiers des candidats non acceptés et des candidats proposés pour adjudants de réserve seront renvoyés aux corps d'affectation, sous bordereau nominatif.

En cas de mutation, le corps d'origine transmettra au nouveau corps le dossier de ces candidats avec la mention : « Ne peut être présenté de nouveau comme candidat au grade d'officier de réserve, sauf dans les conditions du premier alinéa de l'article 19 du règlement du 23 mars 1894. »

Les dispositions qui précèdent sont applicables aux candidats au grade de sous-lieutenant dans l'armée territoriale.

Article 21.

Les dispositions exposées ci-dessus, au titre des articles 10 et 13, sont applicables aux candidats de l'article 21.

Article 23.

Il y a lieu de remplacer, dans le texte, les mots « période de treize jours » par l'expression « période de deux semaines », conforme au texte de l'article 49 de la loi du 15 juillet 1889.

Article 25.

Aux termes de l'art. 25 les officiers de réserve sont affectés, autant que possible, au corps de troupe de leur arme ou subdivision d'arme le plus rapproché de leur domicile.

Les bataillons de chasseurs à pied, les régiments de zouaves et de tirailleurs, etc., sont des corps spéciaux qui ne peuvent recruter leurs officiers de réserve que parmi les militaires y ayant servi.

L'article 47 a d'ailleurs déterminé comment doit être assurée en France l'instruction des officiers de réserve affectés à des corps d'Algérie ou de Tunisie, et les a rattachés, à cet égard, au corps de troupe de leur arme le plus voisin de leur résidence. .

Il y a donc lieu d'affecter aux régiments de zouaves ou de tirailleurs et aux bataillons de chasseurs à pied les officiers de réserve qui en proviennent, et ce n'est que faute de vacances dans ces corps de troupe qu'ils peuvent être placés dans des régiments d'infanterie.

Les officiers de réserve domiciliés en Algérie et en Tunisie peuvent être affectés à des corps de troupe stationnés sur le territoire du 19ᵉ corps d'armée ou de la Tunisie, bien que provenant d'autres corps.

Articles 28 et 30.

Les changements d'emploi ou d'affectation, dans l'intérieur d'un même corps de troupe, et ceux qui ont pour effet de faire passer un officier de réserve ou de l'armée territoriale du corps actif au corps territorial correspondant, et réciproquement, sont prononcés par le commandant du corps d'armée, sur la proposition du chef du corps actif.

Le commandant du corps d'armée rend immédiatement compte au Ministre (bureau de l'arme) des mutations prononcées et des motifs qui les ont déterminées.

Les officiers de réserve ou de l'armée territoriale, affectés à des formations actives, sont convoqués, en principe, tous les deux ans, en même temps que ces unités, pour une durée de vingt-huit jours. Les officiers de l'armée territoriale ne peuvent donc être affectés à des formations actives que sur leur demande.

Les officiers de réserve ou de l'armée territoriale affectés à des formations territoriales peuvent être convoqués, en principe, tous les deux ans, avec ces unités, pour une durée de deux semaines.

Article 31.

Les officiers de réserve ou de l'armée territoriale qui sont affectés à un service spécial et qui viennent d'être placés à la suite d'un corps de troupe de leur arme, par application des dispositions de l'article 31, seront simplement immatriculés dans ce corps au moyen des états de services vérifiés et envoyés par l'administration centrale de la guerre.

A l'avenir, en cas de mutation, le soin de faire parvenir au nouveau corps ou service l'état des services et autres pièces appartiendra au chef de corps ou de service que quitte l'officier.

Articles 31 et 32.

Les dossiers des officiers de réserve et de l'armée territoriale affectés à des services spéciaux (art. 31 et 32) continueront à être conservés et tenus à jour par le chef du service auquel ils sont affectés, savoir :

1° Les généraux commandant les brigades d'artillerie, pour les officiers et employés affectés à un service ressortissant spécialement à l'arme ; les généraux commandant l'artillerie de la place et des forts de Paris ou de Lyon, pour les officiers et employés affectés dans les mêmes conditions auxdits places et forts.

2° Le général commandant le génie, ou, à son défaut, le directeur du génie en résidence au chef-lieu du corps d'armée, pour les officiers et employés affectés à un service ressortissant spécialement à l'arme ;

3° Les généraux commandant les brigades d'infanterie et de cavalerie, pour les officiers affectés aux états-majors de ces brigades ;

4° Le chef de l'état-major auquel ils appartiennent, pour les officiers affectés à un service d'état-major, les archivistes et les interprètes.

5° Le chef d'état-major du gouvernement militaire de Paris, pour les officiers du service d'état-major et du service des étapes, les archivistes et les interprètes affectés au ministère de la guerre ou aux services qui y ressortissent.

6° Le chef d'état-major de la place, pour les vétérinaires affectés à des places fortes.

7° Le chef de légion en résidence au chef-lieu du corps d'armée, pour les officiers de la gendarmerie territoriale (service du remplacement);

8° Le chef d'état-major du corps d'armée, pour les officiers, les archivistes, les interprètes, etc., affectés à des emplois en dehors des corps de troupe et non énumérés dans les paragraphes qui précèdent.

Article 37.

Les convocations périodiques comprennent les périodes normales d'exercices ou de manœuvres, spécifiées aux articles 38 et 48.

Les stages sont des périodes d'exercices ou de manœuvres accomplies volontairement ou par ordre, en dehors des périodes normales dont elles ne dispensent pas.

« Les stages volontaires, avec ou sans solde, d'une durée d'un mois au moins pour les officiers de réserve et de quinze jours au moins pour les officiers de l'armée territoriale, compteront dans le nombre des périodes d'exercices exigées pour l'avancement; chacun de ces stages, quelle qu'en soit la durée, ne pouvant d'ailleurs être compté que pour une seule période d'exercices. » (Circuláire du 11 avril 1894.)

Il est tenu compte également de ces stages volontaires, dans l'établissement des propositions pour les récompenses et l'examen des demandes de dispenses, d'ajournement, de devancement d'appel ou de changement de destination.

ARTICLE 38.

Les officiers de réserve récemment promus sont convoqués pour la première fois avec les unités auxquelles ils appartiennent, au moment de l'appel des réservistes de leur arme, que cet appel ait lieu, ou non, dans l'année qui suit leur nomination.

ARTICLES 58 et 60.

Dans les départements de la Seine et de Seine-et-Oise, les demandes d'ajournement et les demandes de devancement d'appel sont transmises par les généraux commandant les subdivisions au gouverneur militaire de Paris, qui statue.

Il en est de même dans le gouvernement militaire de Lyon.

ARTICLE 61.

Il doit être entendu que c'est le général commandant la région où réside l'officier qui prononce à l'égard des demandes de changement de destination.

ARTICLE 71.

Les directeurs des écoles d'instruction appartiennent à l'armée active.

La direction de ces écoles revient en principe au lieutenant-colonel commandant le régiment de réserve, et, après lui, au lieutenant-colonel du régiment territorial s'il est présent.

En l'absence de ces deux chefs de corps, la direction de l'école appartient à l'officier supérieur de l'armée active adjoint au directeur de l'école. Dans ce cas, les officiers supérieurs de l'armée territoriale qui en font partie sont notés directement par le général commandant la subdivision.

ARTICLE 74.

L'obligation d'être inscrit aux écoles d'instruction ne concerne que les officiers de réserve et de l'armée territoriale des grades de sous-lieutenant, lieutenant, capitaine et chef de bataillon ou d'escadron.

L'inscription seule est obligatoire. Les officiers sont engagés à suivre, le plus fréquemment possible, les cours ou exercices pratiques des écoles d'instruction, mais ils n'y sont pas tenus.

Articles 75 et 91.

L'envoi des programmes prévu par l'article 75 et des résumés de conférence recommandé à l'article 91 entraînera certaines dépenses qui, dans la majorité des cas, pourront être supportées par la masse des écoles. Dans le cas contraire, il y aura lieu de s'en tenir à l'envoi des programmes des cours ou exercices annuels (art. 75).

Les gouverneurs militaires de Paris et de Lyon et les généraux commandant les corps d'armée autoriseront, à cet égard, les dépenses qu'ils jugeront nécessaires, dans la limite des ressources disponibles, sur la proposition des généraux ayant la haute direction et l'inspection permanente des écoles d'instruction.

Article 75. Renvoi (1).

Chacun des officiers inscrits sur les contrôles des écoles d'instruction recevra, sur sa demande, une feuille de réduction du modèle C, ci-joint, lui donnant droit au tarif militaire pour se rendre aux conférences ou séances d'exercices régulièrement prévues. Chaque feuille sera valable pour douze séances déterminées.

Les commandants de corps de troupes ou détachements auprès desquels fonctionnent des écoles d'instruction feront établir, à la fin de chaque trimestre, pour chacun des intéressés et d'après les indications fournies par eux, une feuille de réduction nominative. Ces feuilles seront adressées par la voie hiérarchique aux commandants des corps d'armée, avec une liste nominative des officiers qu'elles concernent et un tableau des dates des réunions d'exercices prévues dans le trimestre suivant.

Les commandants de corps d'armée adresseront ces documents aux représentants des compagnies de chemins de fer dont la liste leur a été adressée. Ces fonctionnaires renverront, après les avoir revêtues de leurs visas, les feuilles de réduction qui seront transmises aux intéressés par les soins de l'autorité militaire. Ils conserveront la liste nominative des officiers détenteurs des feuilles de réduction et le tableau des dates de convocation. Ces pièces sont destinées à permettre l'établissement d'un contrôle effectif.

En dehors des demandes périodiques de feuilles de réduction, des demandes isolées pourront être adressées en faveur des officiers qui n'auraient pu être compris sur les états d'ensemble.

A l'expiration de la durée de validité des feuilles qui leur seront remises, les officiers devront renvoyer ces pièces au directeur de l'école d'instruction.

Les dispositions qui précèdent entreront en vigueur à partir du 1er octobre 1894. L'administration des chemins de fer de l'Etat et les six grandes compagnies de chemins de fer se sont entendues pour que les feuilles de réduction visées par le représentant de l'une quelconque d'entre elles soient valables sur les réseaux voisins.

L'emploi des feuilles de réduction doit rester exclusivement limité aux déplacements effectués par les officiers de réserve et de l'armée territoriale pour aller assister aux cours des écoles d'instruction.

Pour toutes les réunions ou conférences qui auront lieu à des dates indéterminées, sur l'initiative des chefs de corps des unités territoriales, on continuera à faire usage des bons de réduction dans les conditions prévues par l'instruction du 8 avril 1889.

ARTICLE 77.

Les feuilles de notes spéciales du modèle B, prescrites par cet article, seront envoyées aux corps par l'administration centrale du ministère de la guerre, dans les mêmes conditions que les feuilles de notes d'inspection générale.

Dans ces feuilles de notes, au paragraphe « Renseignements divers », on aura soin de faire connaître les connaissances spéciales de l'officier, les voyages qu'il a pu faire, les ouvrages dont il est l'auteur, la nature de ses travaux habituels et tous les renseignements propres à éclairer l'autorité militaire sur les services qu'il pourrait être appelé à rendre en temps de guerre.

Les dispositions de l'article 77 ont été étendues aux officiers qui font partie des sociétés de tir territoriales ou mixtes et aux sociétés de tir au canon. (Circulaire ministérielle du 2 mai 1884.)

ARTICLE 80.

Dans le gouvernement militaire de Paris, la 3e brigade d'artillerie concourra, comme la 19e, à l'organisation des écoles d'instruction de cette arme.

ARTICLE 119.

Les officiers de réserve et de l'armée territoriale de toutes armes, domiciliés dans la subdivision, sont, pour tout ce qui concerne la moralité, la conduite, la tenue, la police générale et la discipline, sous l'autorité et le contrôle immédiat du général commandant la subdivision.

Lorsqu'un officier ou assimilé de réserve et de l'armée territoriale est signalé comme se livrant à des écarts de conduite ou de tenue de nature à porter atteinte à sa considération, le général commandant la subdivision en informe le commandant du corps d'armée. Les faits signalés sont portés par ce dernier à la connaissance de l'officier général ou directeur du service chargé de noter l'officier ou assimilé et à celle de son chef de corps ou de service. (Circulaire ministérielle du 11 avril 1894.)

Article 120.

La circulaire du 11 avril 1894 a déterminé la forme à donner au contrôle nominatif des officiers et assimilés de réserve et de l'armée territoriale, tenu à l'état-major de chaque subdivision.

Article 121.

Il n'est rien changé aux dispositions antérieures concernant les changements de domicile et de résidence.

« La gendarmerie délivre à tous les officiers ou assimilés qui se déplacent pour changer de domicile ou de résidence, pour voyager ou pour se rendre à l'étranger, un récépissé extrait d'un carnet à souche envoyé aux commandants de brigades par le Ministre de la guerre (modèle n° 22) ; la première partie à détacher de cette feuille est remise à l'officier, la seconde envoyée au commandant de recrutement de la subdivision dont relève la brigade de gendarmerie qui reçoit la déclaration, quel que soit le régiment ou service auquel appartienne l'officier.

« Le commandant de recrutement adresse ce bulletin à l'état-major de son corps d'armée. L'officier supérieur chargé de la section territoriale qui reçoit cette pièce la transmet au bureau de recrutement détenteur du registre matricule, où elle est conservée comme pièce à l'appui.

« Il avise, en outre, par une note, le corps d'armée dont relève le régiment ou service auquel est affecté l'officier et le corps d'armée du dernier domicile ou de la dernière résidence, si la déclaration a été faite au point d'arrivée.

« Les déclarations adressées par les maires sont conservées comme pièces d'archives par les commandants de recrutement qui les reçoivent. » (Article 116 de l'instruction du 28 décembre 1879.)

L'état-major du corps d'armée continuera donc à tenir l'état des adresses des officiers de réserve et de l'armée territoriale de toutes provenances et de toutes régions domiciliés ou en résidence sur le territoire du corps d'armée.

Les dispositions complémentaires prescrites par les articles 120 et 121 du règlement du 23 mars 1894 ont eu pour but de tenir informés, en temps utile, les *généraux commandant les subdivi-*

sions des mutations des officiers de réserve et de l'armée territoriale. Mais l'état-major du corps d'armée n'a plus à informer de ces mutations les chefs de corps et les généraux commandant les subdivisions.

L'avant-dernier paragraphe de l'article 116 de l'instruction du 28 décembre 1879 est donc abrogé.

ARTICLES 123 à 127.

Les officiers de réserve et de l'armée territoriale qui se rendent en visite chez le général commandant la subdivision sont autorisés à voyager au tarif militaire sur les chemins de fer; mais les crédits budgétaires ne permettent de leur allouer aucune indemnité.

Il y a lieu d'en tenir compte et d'accorder à ces officiers toutes les facilités nécessaires pour l'accomplissement de ce devoir militaire; les articles 124 et 125 ont été rédigés dans ce but, sur lequel le Ministre appelle l'attention des généraux commandant les subdivisions.

ARTICLE 129.

Dans l'infanterie, les officiers de réserve ou de l'armée territoriale, suivant le corps auquel ils appartiennent, adressent leurs demandes au colonel commandant le régiment actif, au lieutenant-colonel commandant le régiment de réserve ou au lieutenant-colonel commandant le régiment territorial.

Ces deux derniers chefs de corps transmettent au colonel du régiment actif, avec leur avis, les demandes qu'ils ont reçues des officiers placés sous leurs ordres. De même, ces officiers sont informés, par le lieutenant-colonel commandant le régiment de réserve ou le régiment territorial, de la suite donnée à l'affaire qui les concerne.

Toute autre manière de procéder tendrait à diminuer l'autorité de ces deux chefs de corps, qui doit rester intacte, bien que subordonnée à celle du colonel commandant le régiment actif.

Dans les armes autres que l'infanterie, les demandes des officiers sont soumises à des règles correspondantes.

ARTICLE 137.

En principe, le chef de corps de l'armée territoriale doit être remplacé, dans la commission d'examen des candidats à l'avancement, par un officier supérieur du régiment territorial. Si cette solution n'est pas possible, il y est remplacé par un officier supérieur de l'armée active.

Le Ministre de la guerre,
Signé : A. MERCIER.

e CORPS D'ARMÉE

—

ANNÉE

—

e régiment.
e bataillon.
e escadron.
e batterie.

ÉCOLE (1)

D'INSTRUCTION DE (2)

———————

MODÈLE C.

—

Règlement du 23 mars
1894 (art. 75).

(1) Subdivisionnaire ou
régionale.
(2) Indiquer la localité.
(3) Nom, prénoms, grade
ou emploi.
(4) Domicile ou résidence
de l'officier.
(5) Lieu de convocation.
(6) Visa des représentants
auprès du commandant de
corps d'armée des compa-
gnies sur lesquelles le par-
cours est autorisé.
(7) Indication du ou des
réseaux empruntés par l'iti-
néraire de l'officier.
(8) Point de départ ou
d'entrée et de sortie sur
chaque réseau.

Feuille concernant M (3) au *qui prend*
part aux séances de l'école d'instruction de (2) *et est auto-*
risé à voyager en chemin de fer de (4) à (5) *risé à voyager...*
et retour, aux dates indiquées ci-dessous.

Dates des séances d'instruction (a).	TIMBRES A DATES DES GARES DE DÉPART pour chaque trajet.		Visa du chef de corps (b) de l'ar- mée active ou de l'officier supé- rieur délégué et cachet du corps actif auquel est rattaché l'école	OBSERVATIONS.
	à l'aller.	au retour.		Les détenteurs qui feront usage de cette feuille de trans- port en dehors des dates et des itinéraires indiqués ci-contre seront passibles d'une peine disciplinaire.
				Ils seront en outre astreints à payer intégralement le prix des places occupées par eux, tant pour les parcours irrégu- liers effectués que pour les voyages faits antérieurement à prix réduit.
				(a) Le voyage d'aller doit avoir lieu la veille ou le jour de la réunion, et celui du retour le jour ou le lendemain.
				(b) La feuille de réduction ne donne aucun droit à l'ob- tention du tarif militaire pour le retour dans le cas où elle ne serait pas revêtue du visa du chef de corps de l'unité de l'armée active à laquelle est rattachée l'école d'instruction, ou de l'officier supérieur spé- cialement délégué.
				(c) La signature du titulaire peut être requise lors des con- trôles au départ, en route et à l'arrivée.

Vu pour être utilisé, aux dates indiquées ci-dessus, sur le réseau

d (7)   de (8)   à (8)   Délivré à l'intéressé
d (7)   de (8)   à (8)   à la date du   189
d (7)   de (8)   à (8)   *Le chef de corps,*
    L (6)   *Signature du titulaire (c).*

PROPOSITIONS

Concernant les officiers de réserve et de l'armée territoriale.

Paris, le 23 octobre 1894.

Mon cher Général, aux termes du décret du 23 mars 1894 et du règlement en date du même jour, les propositions concernant les officiers de réserve ou de l'armée territoriale sont établies dans les mêmes formes que pour les officiers de l'armée active. Elles sont soumises à l'examen des commissions régionales ou générales de classement.

Les commissions régionales dans l'infanterie se réunissent après les manœuvres, vers le 25 septembre. Les commissions générales dans les autres armes sont convoquées dans la deuxième quinzaine d'octobre.

Les propositions établies en faveur des officiers de réserve ou de l'armée territoriale convoqués après les manœuvres d'automne ne peuvent plus être examinées en temps utile par les commissions compétentes.

En conséquence, j'ai pris la décision suivante :

Seront seules examinées par les commissions régionales ou générales de classement les propositions établies en faveur des officiers de réserve ou de l'armée territoriale convoqués du 1er janvier aux manœuvres d'automne inclusivement.

Les propositions concernant les officiers de réserve ou de l'armée territoriale convoqués pour des périodes d'exercices après les manœuvres d'automne seront conservées par les chefs de corps ou de service pour être comprises dans le travail d'inspection de l'année suivante. Mais, afin qu'il n'en résulte aucun préjudice pour les officiers, ceux-ci pourront être l'objet de propositions lorsqu'ils rempliront, au 31 décembre de l'année qui suivra celle de leur convocation, les conditions exigées pour l'avancement ou les décorations par les décrets, règlements ou instructions ministériels.

Ces dispositions seront appliquées dès cette année.

La présente circulaire sera insérée au *Journal officiel* de la République française et au *Bulletin officiel* du ministère de la guerre, partie réglementaire.

Signé : A. MERCIER.

Paris et Limoges. — Imprimerie militaire Henri CHARLES-LAVAUZELLE.

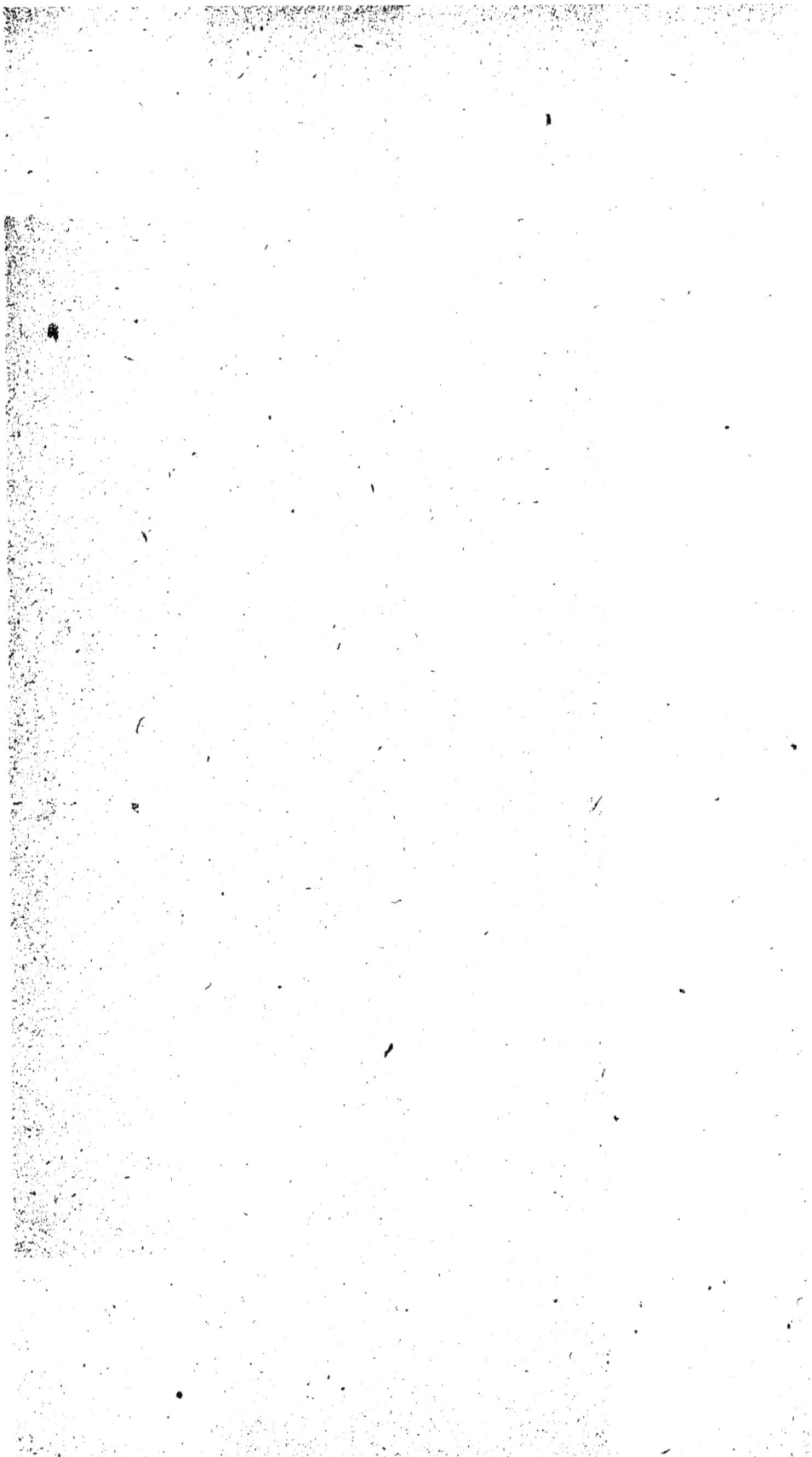

Paris et Limoges. — Imprimerie militaire Henri-Charles-Lavauzelle.

BIBLIOTHEQUE NATIONALE DE FRANCE

3 7502 01985835 8

www.ingramcontent.com/pod-product-compliance
Lightning Source LLC
Chambersburg PA
CBHW070908280326
41934CB00008B/1637